墨人著

本全集保留作者手批手稿

墨人博士作品全集【全60冊】

第三十一冊 富國島

文史哲出版社印行

國家圖書館出版品預行編目資料

墨人博士作品全集 / 墨人著 -- 初版 -- 臺北市:文史哲, 民 100.12

頁： 公分

ISBN 978-957-549-987-7 (全套 60 冊：平裝)

1.現代文學 2. 中國文學 3.別集

848.6 100022602

墨人博士作品全集【全60冊】

第三十一冊 富國島

著者：墨人

出版者：文史哲出版社

http://www.lapen.com.tw

登記證字號：行政院新聞局版臺業字五三三七號

發行人：彭正雄

發行所：文史哲出版社

印刷者：文史哲出版社

臺北市羅斯福路一段七十二巷四號

郵政劃撥帳號：一六一八〇一七五

電話886-2-23511028 · 傳真886-2-23965656

【全60冊】定價新臺幣 36,800 元

中華民國一百年（2011）十二月初版

ISBN 978-957-549-987-7 08992

墨人博士著作品全集　總　目

一、散文類

二、長篇小說

三、中短篇小說散文合集

四、詩詞及論評

附：外篇

墨人的一部文學千秋史

張萬熙先生，筆名墨人，江西九江人，民國九年生。爲一位享譽國內外名小說家、詩人、學者。歷任軍、公、教職。六十五歲始自從國民大會簡任一級加年功俸的資料組長兼圖書館長公職崗位退休，但已是中國文壇上一位閃亮的巨星。出版有：《全唐詩尋幽探微》、《紅樓夢的寫作技巧》、二百九十多萬字的大長篇小說《紅塵》、《白雪青山》、《春梅小史》；詩集：《哀祖國》；散文集：《小園昨夜又東風》……。民國五十年、五十一年連續以短篇小說，兩次入選維也納納富出版公司出版的《世界最佳小說選集》。七十歲時自東吳大學中文系教席二度退休，仍著述不輟，爲國寶級文學家。墨人博士在臺勤於創作六十多年（在大陸時期已創作十年），並以其精通儒、釋、道之學養，綜理戎機、參贊政務、作育英才，更以其對傳統文學的精湛造詣，與對新文藝的創作，在國際上贏得無數榮譽，如：美國世界大學榮譽文學博士、美國馬奎士國際大學榮譽文學博士、美國艾因斯坦國際學院榮譽人文學博士（包括哲學、文學、藝術、語言四類）、英國劍橋國際傳記中心副總裁（代表亞洲）、英國莎士比亞詩、小說與人文學獎得主，現在出版《全集》中。

壹、家世・堂號

張萬熙先生，江西省德化人（今九江），先祖玉公，明末時以提督將軍身份鎮守雁門關，蒙古騎兵入侵，戰死於東昌，後封爲「河間王」。其子輔公，進士出身，歷任文官。後亦奉召領兵「三定交趾」，因戰功而封爲「定興王」。其子貞公亦有兵權，因受奸人陷害，自蘇州嘉定（即今上海市一區），謫居潯陽（今江西九江）。祖宗牌位對聯爲：嘉定源流遠，潯陽歲月長；右書「清河郡」、左寫「百忍堂」。

貳、來臺灣的過程

民國三十八年，時局甚亂，張萬熙先生攜家帶眷，在兵荒馬亂人心惶惶時，張先生從湖南長沙火車站，先將一千多度的近視眼弱妻，與四個七歲以下子女，從車窗口塞進車廂，自己則擠在廁所內動彈不得，千辛萬苦的從湖南長沙搭火車南下廣州，從廣州登商輪來臺。七月三日抵基隆，由同學顧天一先生，接到臺北縣永和鎭鄉下暫住。

參、在臺灣一甲子奮鬥的過程

一、初到臺灣的生活

家小安頓妥後，張萬熙先生先到臺北萬華，一家新創刊的《經濟快報》擔任主編，但因財務不濟，四個月不到便草草結束。幸而另謀新職，舉家遷往左營擔任海軍總司令辦公室秘書，負責紀錄整理所有軍務會報紀錄。

民國四十六年，張先生自左營來臺北任職國防部史政局編纂《北伐戰史》（歷時五年多浩大工程，編成綠布面精裝本、封面燙金字《北伐戰史》叢書），完成後在「八二三」炮戰前夕又調任國防部總政治部，主管陸、海、空、聯勤文宣業務，四十七歲自軍中正式退役後轉任文官，在臺北市中山堂的國民大會主編研究世界各國憲法政治的十六開大本的《憲政思潮》，作者、譯者都是台灣大學、政治大學的教授、系主任，首開政治學術化先例。

張先生從左營遷到臺北大直海軍眷舍，只是由克難的甘蔗板隔間眷舍改爲磚牆眷舍，大小一般，但邊間有一片不小的空地，子女也大了，不能再擠在一間房屋內，因此，張先生加蓋了三間竹屋安頓他們。但眷舍右上方山上是一大片白色天主教公墓，在心理上有一種「與鬼爲鄰」的感覺。張夫人有一千多度的近視眼，她看不清楚，子女看見嘴裡不講，心裡都不舒服。張先生自軍中假退役後，只拿八成俸。

張先生因爲有稿費、版稅，還有些積蓄，除在左營被姓譚的同學騙走二百銀元外，剩下的積蓄還可以做點別的事。因爲住左營時在銀行裡存了不少舊臺幣，那時左營中學附近的土地只要三塊多錢一坪，張先生可以買一萬多坪。但那時政府的口號是「一年準備，兩年反攻，三年掃蕩，五年成功。」張先生信以爲真，三十歲左右的人還是「少不更事」，平時又忙著上班、寫作，實在不懂政治、經濟大事，以爲政府和「最高領袖」不會騙人，五年以內真的可以回大陸，張先生又有「戰士授田證」。沒想到一改用新臺幣，張先生就損失一半存款，呼天不應。但天理不容，姓譚的同學不但無后，也死了三十多年，更沒沒無聞。張先生作人、看人的準則是：無論幹什麼都是「誠信」第一，因果比法律更公平、更準。欺人不可欺心，否則自食其果。

二、退休後的寫作生活

張先生四十七歲自軍職退休後，轉任台北市中山堂國大會主編十六開大本研究各國憲法政治的《憲政思潮》十八年，時任簡任一級資料組長兼圖書館長。並在東吳大學兼任副教授二十年、香港廣大學院指導教授、講座教授、指導論文寫作、不必上課。六十四歲時即請求自公職提前退休，以業務重要不准，但取得國民大會秘書長（北京朝陽大學法律系畢業）何宜武先生的首肯，六十五歲依法退休。當時國民大會、立法院、監察院簡任一級主管多延至七十歲退休，因所主管業務富有政治性，與單純的行政工作不同，六十五歲時張先生雖達法定退休年齡，還是延長了四個月才正式退休，何秘書長宜武大惑不解地問張先生：「別人請求延長退休而不可得，你為什麼反而要求退休？」張先生答以「專心寫作」，何秘書長才坦然不疑。退休後日夜寫作，因胸有成竹，很快完成了一百九十多萬字的大長篇小說《紅塵》，在鼎盛時期的《臺灣新生報》連載四年多，開中國新聞史中報紙連載最大長篇小說先河。但報社還不敢出版，經讀者熱烈反映，才出版前三大冊。當年十二月即獲行政院新聞局「著作金鼎獎」與嘉新文化基金會「優良著作獎」，亦無前例。《台灣新生報》又出九十三章至一百二十二章，只好名為《續集》。墨人在書前題五言律詩一首：

浩劫未埋身，揮淚寫紅塵，非名非利客，孰晉孰秦人？
毀譽何清問？吉凶自有因。天心應可測，憂道不憂貧。

二〇〇四年初，巴黎 youfeng 書局出版豪華典雅的法文本《紅塵》，亦開「五四」以來中文作家大長篇小說進入西方文學世界重鎮先河。時為巴黎舉辦「中國文化年」期間，兩岸作家多由政府資助出席，張先生未獲任何資助，亦未出席，但法文本《紅塵》卻在會場展出，實為一大諷刺。張先生一生「只問耕耘，不問收穫」的寫作態度，七十多年來始終如一，不受任何外在因素影響。

肆、特殊事蹟與貢獻

一、《紅塵》出版與中法文學交流

《紅塵》寫作時間跨度長達一世紀，由清朝末年的北京龍氏家族的翰林第開始，寫到八國聯軍、滿清覆亡、民國初建、八年抗日、國共分治下的大陸與臺灣，續談臺灣的建設發展、開放大陸探親等政策。空間廣度更遍及大陸、臺灣、日本、緬甸、印度，是一部中外罕見的當代文學鉅著。墨人五十七歲時應邀出席在西方文藝復興聖地佛羅倫斯所舉辦的首屆國際文藝交流大會，會後環遊地球一周。七十歲時應邀訪問中國大陸四十天，次年即出版《大陸文學之旅》。《紅塵》一書最早於臺灣新生報連載四年多，並由該報連出三版，臺灣新生報易主後，將版權交由昭明出版社出版定本六卷。由於本書以百年來外患內亂的血淚史為背景，寫出中國人在歷史劇變下所顯露的生命態度、文化認知、人性的進取與沉淪，引起中外許多讀者極大共鳴與回響。

旅法學者王家煜博士是法國研究中國思想的權威，曾參與中國古典文學的法文百科全書翻譯工作，他認為深入的文化交流仍必須透過文學，而其關鍵就在於翻譯工作。從五四運動以來，中西文化交流一直是西書中譯的單向發展。直到九十年代文建會提出「中書外譯」計畫，臺灣作家才逐漸被介紹到西方，如此文學鉅著的翻譯，算是一個開始。

王家煜在巴黎大學任教中國上古思想史，他指出《紅塵》一書中所引用的詩詞以及蘊含中國思想的博大精深，是翻譯過程中最費工夫的部分。為此，他遍尋參考資料，並與學者、詩人討論，歷時十年終於完成《紅塵》的翻譯工作，本書得以出版，感到無比的欣慰。他笑著說，這可說是「十年寒窗」。

《紅塵》法文譯本分上下兩大冊，已由法國最重要的中法文書局「友豐書店」出版。友豐負責人潘立輝謙沖寡言，三十年多來，因對中法文化交流有重大貢獻而獲得法國授予文化「騎士勳章」的榮譽。他於五年前開始成立出版部，成為歐洲一家以出版中國圖書法文譯著為主業的華人出版社。

潘立輝表示，王家煜先生的法文譯筆典雅、優美而流暢，使他收到「紅塵」譯稿時，愛得不忍釋手，他以一星期的時間一口氣看完，經常讀到凌晨四點。他表示出版此書不惜成本，不太可能賺錢，卻感到十分驕傲，因為本書能讓不懂中文的旅法華人子弟，更瞭解自己文化根源的可貴之處，同時，本書的寫作技巧必對法國文壇有極大影響。

二、不擅作生意

張先生在六十五歲退休之前，完全是公餘寫作，在軍人、公務員生活中，張先生遭遇的挫折不少。軍職方面，張先生只升到中校就不做了，因為過去稱張先生為前輩、老長官的人都成為張先生的上司，張先生怎麼能做？因為張先生的現職是軍聞社資料室主任（他在南京時即任國防部新創立的「軍事新聞總社」實際編輯主任，因言守元先生是軍校六期老大哥，未學新聞，不在編輯之列）。但張先生以不求官，只求假退役，不擋人官路，這才退了下來。那時養來亨雞風氣盛行，在南京軍聞總社任外勤記者的姚秉凡先生頭腦靈活，他即時養來亨雞，張先生也「東施效顰」，結果將過去稿費積蓄全都賠光。

三、家庭生活與運動養生

張先生大兒子考取中國廣播公司編譯，結婚生子，廿七年後才退休，長孫修明取得美國南加州大學電機碩士學位，之後即在美國任電機工程師。五個子女均各婚嫁，小兒子選良以獎學金取得美國華盛頓大學化學工程博士，媳蔡傳惠為伊利諾理工學院材料科學碩士，兩孫亦已大學畢業就業，落地生根。

張先生兩老活到九十一、九十二歲還能照顧自己。（近年以一印尼女「外勞」代做家事）張先生一伏案寫作四、五小時都不休息，與臺大外文系畢業的長子選翰兩人都信佛，六十五歲退休後即吃全素。低血壓十多年來都在五十五至五十九之間，高血壓則在一百一十左右，走路「行如風」，年輕人很多都跟不上張先生，比起初來臺灣時毫不遜色，這和張先生運動有關。因為張先生住大直後山海軍眷舍八年，眷舍右上方有一大片白色天主教公墓，諸事不順，公家宿舍小，又當西曬，張先生靠稿費維持七口之家和五個子女的教育費。三伏天右手墊塡著毛巾，背後電扇長吹，三年下來，得了風濕病，手都舉不起來，花了不少錢都未治好。後來章斗航教授告訴張先生，圓山飯店前五百完人塚廣場上，有一位山西省主席閻錫山的保鑣王延年先生在教太極拳，勸張先生天一亮就趕到那裡學拳，一定可以治好。張先生一向從善如流，第二天清早就向王延年先生報名請教，王先生有教無類，收張先生這個年已四十的學生，王先生先不教拳，只教基本軟身功攀腿，卻受益非淺。

四、耿直的公務員性格

張先生任職時向來是「不在其位，不謀其政」。後來升簡任一級組長，有一位「地下律師」的專員，平時鑽研六法全書，混吃混喝，與西門町混混都有來往，他的前任爲大畫家齊白石女婿，平日公私不分，是非不明，借錢不還，沒有口德，人緣太差，又常約那位「地下律師」專員到家中打牌。那專員平日不簽到，甚至將簽到簿撕毀他都不哼一聲，因爲爲他多報年齡，屆齡退休時想更改年齡，但是得罪人太多，金錢方面更不清楚，所以不准再改年齡，組長由張先生繼任。

張先生第一次主持組務會報時，那位地下律師就在會報中攻擊圖書科長，張先生立即申斥，並宣佈記過。簽報上去處長都不敢得罪那地下律師，又說這是小事，想馬虎過去，張先生以秘書處名譽紀律爲重，非記過不可，讓他去法院告張先生好了。何宜武祕書長是學法的，他看了張先生簽呈同意記過，那位地下律師「專員」不但不敢告，只暗中找一位不明事理的國大「代表」來找張先生的麻煩。因事先有人告訴他，張先生完全不理那位代表，他站在張先生辦公室門口不敢進來，幾分鐘後悄然而退。人不怕鬼，鬼就怕人。諺云：「一正壓三邪」，這是經驗之談。直到張先生退休，那位專員都不敢惹事生非，西門町流氓也沒有找張先生的麻煩，當年的代表十之八九已上「西天」，張先生活到九十二歲還走路「行如風」，一坐到書桌，能連續寫作四、五小時而不倦，不然張先生怎麼能在兩岸出版約三千萬字的作品？

（原載新文豐《紮根台灣六十年》，墨人民國一百年十一月十三日校正）

墨人博士作品全集

文學是千秋藝業
秦皇漢武今何在
李白杜甫仍風流

全集共分四大類
一、散文類 二、小說類
三、文學理論類
四、新詩古典詩詞類

我出生於一個「萬般皆下品，惟有讀書高」的傳統文化家庭，且深受佛家思想影響，因祖母信佛，兩個姑母先後出家，大姑母是帶著賠嫁的錢購買依山傍水風景很好，上名山廬山的必經之地的「天后宮」出家的，小姑母的廟則在鬧中取靜的市區。我是父母求神拜佛後出生的男子，並寄名佛下，乳名聖保，上有二姊下有一妹都夭折了，在那個重男輕女的時代！我自然水漲船高了。我記得四、五歲時一位面目清秀，三十來歲文質彬彬的李瞎子替我算命，母親問李瞎子，我的命根穩不穩？能不能養大成人？李瞎子說我十歲行運，幼年難免多病，可以養大成人，但是會遠走高飛。母親聽了憂喜交集，在那個時代不但妻以夫貴。也以子貴，有兒子在身邊就多了一層保障。母親的心理壓力很大，李瞎子的「遠走高飛」那句話可不是一句好話。

到現在八十多年了，我還記得十分清楚。母親暗自憂心。何況科舉已經廢了，不必「進京趕考」，更不會「當兵吃糧」，安安穩穩作個太平紳士或是教書先生不是很好嗎？我們張家又是大族，人多勢眾，不會受人欺侮，何況二伯父的話此法律更有權威，人人敬仰，去外地「打流」又有什麼好處？因此我剛滿六歲就正式拜孔夫子入學啓蒙，從《三字經》、《百家姓》、《千字文》、《千家詩》、《論語》、《大學》、《中庸》……《孟子》、《詩經》、《左傳》讀完了都要整本背，在十幾位學生中，也只有我一人能背，我背書如唱歌，窗外還有人偷聽，他們實在缺少娛樂。除了我父親下雨天會吹吹笛子、簫，消遣之外，沒有別的娛樂，我自幼歡喜絲竹之音，但是很少聽到。讀書的人也只有我們三房、二房兩兄弟，二伯父在城裡當紳士，偶爾下鄉排難解紛，他是一族之長，更受人尊敬，因爲他大公無私，又有一百八十公分左右的身高，眉眼自有威嚴，能言善道，他的話比法律更有效力，加之民性純樸，真是「夜不閉戶，道不失遺」。只有「夏都」廬山才有這麼好的治安。我十二歲前就讀完了四書、詩經、左傳、千家詩。我最喜歡的是《千家詩》和《詩經》。

關關雎鳩，在河之洲，
窈窕淑女，君子好逑。

我覺得這種詩和講話差不多，可是更有韻味。我就喜歡這個調調。《千家詩》我也喜歡，我背得更熟。開頭那首七言絕句詩就很好懂：

雲淡風清近午天，傍花隨柳過前川。
時人不識余心樂，將謂偷閒學少年。

老師不會作詩，也不講解，只教學生背，我覺得這種詩和講話差不多，但是更有韻味。我也了解大意，我以讀書爲樂，不以爲苦。這時老師方教我四聲平仄，他所知也止於此。

我也喜歡《詩經》，這是中國最古老的詩歌文學，是集中國北方詩歌的大成。可惜三千多首被孔子刪得只剩三百首。孔子的目的是：「詩三百，一言以蔽之，曰思無邪。」孔老夫子將《詩經》當作教條。詩是人的思想情感的自然流露，是最可以表現人性的。先民質樸，孔子既然知道「食色性也」，對先民的集體創作的詩歌就不必要求太嚴，以免喪失許多文學遺產和地域特性。楚辭和詩經不同，就是地域特性和風俗民情的不同。文學藝術不是求其同，而是求其異。這樣才會多彩多姿。文學不應成爲政治工具，但可以移風易俗，亦可淨化人心。我十二歲以前所受的基礎教育，獲益良多，但也出現了一大危機，沒有老師能再教下玄。幸而有一位年近二十歲的姓王的學生在廬山一未立案的國學院求學，他問我想不想去？我自然想去，但廬山夏涼，冬天太冷，父親知道我的心意，並不反對，他對新式的人手是刀尺的教育沒有興趣，我便在飄雪的寒冬同姓王的爬上廬山，我生在平原，這是第一次爬上高山。

在廬山我有幸遇到一位湖南岳陽籍的閣毅字任之的好老師，他只有三十二歲，飽讀詩書，與民國初期的江西大詩人散原老人唱和，他的王字也寫的好。有一天他要六七十位年齡大小不一的學生各寫一首絕句給他看，我寫了一首五絕交上去，廬山松樹不少，我生在平原是看不到松樹的，我是即景生情，信手寫來，想不到閣老師特別將我從大教室調到他的書房去，在他右邊靠牆壁另加一桌一椅，教我讀書寫字，並且將我的名字「熹」改爲「熙」，視我如子。原來是他很欣賞我那首五絕中的「疏松月影亂」這一句。我只有十二歲，不懂人情世故，也不了解他的深意。時任漢口市長張群的侄子張繼文還小我一歲，卻是個天不怕、地不怕的小太保，江西省主席熊式輝的兩個小舅子大我幾歲，閣老師的侄子卻高齡二十八歲。學歷也很懸殊，有上過大學的、高中的，多是對國學有興趣，支持學校的袞袞諸公也都是有心人士，新式學校教育日漸西化，國粹將難傳承，所以創辦了這樣一個尙未立案的國學院，也未大張旗鼓正式掛牌招生，但聞風而至的要人子弟不少，校方也本著「有教無類」的原則施教，閣老師也是義務施教，他與隱居廬山的要人嚴立三先生也有交往。（抗日戰爭一開始嚴立三即出山任湖北省主席，諸閣老師任省政府秘書，此是後話。）同學中權貴子弟亦多，我雖不是當代權貴子弟，但九江先組玉公以提督將軍身分抵抗蒙古騎兵入侵雁門關戰死東昌(雁門關內北京以西縣名，一九九〇年我應邀訪問大陸四十天時去過。)而封河間王；其子輔公。以進士身分出仕，後亦應昭領兵三定交趾而封定興王；其子貞公亦有兵權，因受政客讒害而自嘉定謫居潯陽。大詩人白居易亦曾謫爲江州司馬，我另一筆名即用江州司馬。我是黃帝第五子揮的後裔，他因善造弓箭而賜姓張。遠祖張良是推薦韓信爲劉邦擊敗楚霸王項羽的漢初三傑之首。他有知人之明，深知劉邦可以共患難，不能共安樂，所以悄然引退，作逍遙遊，不像韓信爲劉邦拼命打天下，立下汗馬功勞，雖封三齊王卻死於未央宮呂后之手。這就是不知進退的後果。我很敬佩張良這位遠祖，抗日戰爭初期（一九三八）我爲不作「亡國奴」，即輾轉赴臨時首都武昌以優異成績考取軍校，一位落榜的姓熊的同學帶我們過江去漢口。中共未公開招生的「抗日大學」（當時國共合作抗日，中共在漢口以「抗大」名義吸收人才。）辦事處參觀，接待我們的是一位讀完大學二年級才貌雙全，口才奇佳的女生獨對我說負責保送我免試進「抗大」一期，因未提其他同學，我不去。一年後我又在軍校提前一個月畢業，因我又考取陪都重慶中央政府培養高級軍政幹部的中央訓練團，而特設的新聞「新聞研究班」第一期，與我同期的有爲新詩奉獻心力的覃子豪兄（可惜五十二歲早逝）和中央社東京分社主任兼國際記者協會主席的李嘉兄。他在我訪問東京時曾與我合影留念，並親贈我精裝《日本專欄》三本。他七十歲時過世，這兩張照片我都編入「全集」一百九十多萬字的空前大長篇小說（紅塵）照片類中。而今在台同學只有兩位了。

民國二十八年（一九三九）九月我以軍官、記者雙重身分，奉派到第三戰區最前線的第三十二集團軍上官雲相總部所在地，唐宋八大家之一，又是大政治家王安石，尊稱王荆公的家鄉臨川，（屬撫州市）作軍事記者，時年十九歲，因第一篇戰地特寫《臨川新貌》經第三戰區長官部主辦的行銷甚廣的《前線日報》發表，隨即由淪陷區上海市美國人經營的《大美晚報》轉載，而轉爲文學創作，因我已意識到新聞性的作品易成「明日黃花」，文學創作則可大可久，我爲了寫大長篇《紅塵》、六十四歲時就請求提前退休，學法出身的秘書長何宜武先生大惑不解，他對我說：

「別人想幹你這個工作我都不給他，你爲什麼要退？」我幹了十幾年他只知道我是個奉公守法的張萬熙，不知道我是「作家」墨人，有一次國立師範大學校長劉真先生告訴他張萬熙就是墨人，劉校長看了我在當時的「中國時報」發表的幾篇有關中國文化的理論文章，他希望我繼續寫，劉校長真是有心人。沒想到他在何宜武秘書長面前過獎，使我不能提前退休，要我幹到六十五歲多四個月才退了下來。現在事隔二十多年我才提這件事。鼎盛時期的（台灣新生報）連載四年多的拙作《紅塵》出版前三冊時就同時獲得新聞局著作金鼎獎和嘉新文化基金會「優良著作獎」，劉真校長也是嘉新文化基金會的評審委員之一，他一定也是投贊成票的。「世有伯樂而後有千里馬」。我九十二歲了，現在經濟雖不景氣，但我還是重讀重校了拙作「全集」我一向只問耕耘，不問收穫，我歷任軍、公、教三種性質不同的職務，經過重重考核關卡，寫作七十三年，經過編者的考核更多，我自已從來不辦出版社。我重視分工合作。我頭腦清醒，是非分明，歷史人物中我更敬佩遠祖張良，不是劉邦。張良的進退自如我更歎服。在政治角力場中要保持頭腦清醒，人性尊嚴並非易事。我們張姓歷代名人甚多，我對遠祖張良的進退自如尤爲歎服，因此我將民國四十年在台灣出生的幼子依譜序取名選良。他早年留美取得化學工程博士學位，雖有獎學金，但生活仍然艱苦，美國地方大，出入非有汽車不可，這就不是獎學金所能應付的，我不能不額外支持，他取得化學工程博士學位與取得材料科學碩士學位的媳婦蔡傳惠雙雙回台北探親，且各有所成，幼子曾研究生產了飛機太空船用的抗高溫的纖維，媳婦則是一家公司的經理，下屬多是白人，兩孫亦各有專長，在台北出生的長孫是美國南加州大學的電機碩士，在經濟不景氣中亦獲任工程師，我不要第三代走這條文學小徑，是現實客觀環境的教訓，我何必讓第三代跟我一樣忍受生活的煎熬，這會使有文學良心的人精神崩潰的。我因經常運動，又吃全素二十多年，九十二歲還能連寫四、五小時而不倦。我寫作了七十多年，也苦中有樂，但心臟強，又無高血壓，一是得天獨厚，二是生活自我節制，我到現在血壓還是60－110之間，沒有變動，寫作也少戴老花眼鏡，走路仍然「行如風」，十分輕快，我在國民大會主編《憲政思潮》十八年，看到不少在大陸選出來的老代表，走路兩腳在地上蹉跎，這就來日不多了。個人的健康與否看他走路就可以判斷，作家寫作如在八十歲以後還不戴老花眼鏡，沒有高血壓，長命百歲絕無問題。如再能看輕名利，不在意得失，自然是仙翁了。健康長壽對任何人都很重要，對詩人作家更重要。

一九九〇年我七十歲應邀訪問大陸四十天作「文學之旅」時，首站北京，我先看望已九十高齡的老前輩散文作家，大家閨秀型的風範，平易近人，不慍不火的冰心，她也「勞改」過，但仍心平氣和。本來我也想看看老舍，但老舍已投湖而死，他的公子舒乙是中國現代文學館的副館長，他也出面接待我，還送了我一本他編寫的《老舍之死》，隨後又出席了北京詩人作家與我的座談會，參加七十賤辰的慶生宴，彈指之間卻已二十多年了。我訪問大陸四十天，次年即由台北「文史哲出版社」出版照片文字俱備的四二五頁的《大陸文學之旅》。不虛此行。大陸文友看了這本書的無不驚異，他們想不到我七十一高齡還有這樣的快筆，而又公正詳實。他們不知我行前的準備工作花了多少時間，也不知道我一開筆就很快。

我拜會的第二位是跌斷了右臂的詩人艾青，他住協和醫院，我們一見如故，他是浙江金華人，卻體格高大，性情直爽如燕趙之士，完全不像南方金華人。我們一見面他就緊握著我的手不放，侃侃而談，我不知道他編《詩刊》時選過我的新詩。在此之前我交往過的詩人作家不少，沒有像他如此豪放真誠，我告別時他突然放聲大哭，陪我去看他的北京新華社社長族侄張選國先生，陪我四十天作《大陸文學之旅》的廣州電視台深圳站站長高麗華女士，文字攝影記者譚海屏先生等多人，不但我爲艾青感傷，陪同我去看艾青的人也心有戚戚焉，所幸他去世後安葬在八寶山中共要人公墓，他是大陸唯一的詩人作家有此殊榮。台灣單身詩人同上校軍文黃仲琮先生，死後屍臭才有人知道，他小我二歲，如我不生前買好八坪墓地，連子女也只好將我兩老草草火化，這是與我共患難一生的老伴死也不甘心的，抗日戰爭時她父親就是我單獨送上江西南城北門外義山土葬的。這是中國人「入土爲安」的共識。也許有讀者會問這和文學創作有什麼關係？但文學創作不是單純的文字工作，而是作者整個文化觀、文學觀，人生觀的具體表現，不可分離。詩人作家不能「瞎子摸象」，還要有「舉一反三」的能力。我做人很低調。寫作也不唱高調，但也會作不平之鳴、仗義直言。我不鄉愿，我重視一步一個腳印，「打高空」可以譁眾邀寵於一時，但「旁觀者清」，讀者中藏龍臥虎，那些不輕易表態的多是高人。高人一旦直言不隱，會使洋洋自得者現出原形。作品一旦公諸於世，一切後果都要由作者自己負責，這也是天經地義的事。

我寫作七十多年無功無祿，我因熬夜寫作頭暈住馬偕醫院一個星期也沒有人知道，更不像大陸的當代作家、詩人是有給制，有同教授的待遇，而稿費、版稅都歸作者所有。依據民國九十八年一月十日「中國時報」A十四版「二〇〇八年中國作家富豪榜單」二十五名收入人民幣的數字統計，第一高的郭敬明一年是一千三百萬人民幣，第二名鄭淵潔是一千一百萬人民幣，第三名楊紅櫻是九百八十萬人民幣。最少的第二十五名的李西閩也有一百萬人民幣，以人民幣與台幣最近的匯率近一比四‧五而言，現在大陸作家一年的收入就如此之多，是我一九九〇年應邀訪問大陸四十天作文學之旅時所未想像到的，而現在的台灣作家與我年紀相近的二十年前即已停筆，原因之一是發表出版兩難，二是年齡太大了。民國九十八年（二〇〇九）以前就有張漱菡（本名欣禾）、尹雪曼、劉枋、王書川、艾雯、嚴友梅六位去世，嚴友梅還小我四、五歲，小我兩歲的小說家楊念慈則行動不便，鬍鬚相當長，可以賣老了。我托天佑，又自我節制，二十多年來吃全素，又未停止運動，也未停筆，最近在台北榮民總醫院驗血檢查，健康正常。我也有我的養生之道，每天吃枸杞子明目，吃南瓜子抑制攝護腺肥大，多走路、少坐車，伏案寫作四、五小時而不疲倦，此非一日之功。

民國九十八（二〇〇九）己丑，是我來台六十周年，這六十年來只搬過兩次家，第一次從左營搬到台北大直海軍眷舍，在那一大片天主教白色公墓之下，我原先不重視風水，也無錢自購住宅，想不到鄰居的子女有得神經病的，有在金門車禍死亡的，大人有坐牢的，有槍斃的，也有得神經病的，我退役養雞也賠光了過去稿費的積蓄，讀台大外文系的大兒子也生病，我則諸事不順，直到搬到大屯山下坐北朝南的兩層樓的獨門獨院自宅後，自然諸事順遂，我退休後更能安心寫作，遠離台北市區，真是「市遠無兼味，地僻客來稀。」同里鄰的多是市井小民，但治安很好，誰也不知道我是爬格子的，連警察先生也不光顧舍下，除了近十年常有人打電話來騙我，幸未上大當外，我安心過自己的生活。當年「移民潮」去不了美國的也會去加拿大，我是「美國人」的祖父，我不移民美國，更別說去加拿大了。娑婆世界無常，早年即移民美國的琦君（本名潘希真）、彭歌，最後還是回到台灣來了，這不能說台灣是「天堂」，以我的體驗而言是台北市氣候宜人，夏天三十四度以上的日子少，冬天十度以下的日子也很少，老年人更不能適應零度以下的氣溫，我只有冬天上大屯山、七星山頂才能見雪。有高血壓、心臟病的老人更不能適應。我不想做美國公民，做台灣平民六十多年，也沒有自卑感。

娑婆世界是一個無常的世界，天有不測風雲，人有旦夕禍福，老子早說過：「福兮禍所倚，禍兮福所伏。」禍福無門，唯人自招。我一生不起歪念，更不損人利己，與人爲善。雖常吃暗虧，只當作上了一課。這個花花世界是我學不完的大教室，萬丈紅塵其中也有黑洞，我心存善念，更不造文字孽，不投機取巧，不違背良知，蒼天自有公斷，我本著文學良心寫作，盡其在我而已，讀者是最好的裁判。

民國一〇〇年（二〇一一）辛卯七月二十九日下午六時二十三分於紅塵寄廬

1951 年墨人 31 歲與夫人曾麗春女士（30 歲）結婚十周年紀念合影於左營

墨人博士七十壽辰與夫人曾麗春女士合影。此照為大翻譯家、文學理論家黃文範先生所攝，並在照片背後題「南山北海惟仁者壽」。

民國二十九年(1940)作者
墨人在江西南城戎裝照。

1939 年墨人即自戰時陪都四川
重慶奉派至江西臨川王安石家
鄉，第三戰區前線任軍事記者創
辦軍報，提供抗日官兵精神食
糧。時年 19 歲。

2010 年「五四」作者墨人 91 歲在花蓮和南寺家人合影

2003 年 8 月 26 日作者墨人（中）在含鄱口觀山景點與
作者長女韻華、長子選翰、三女韻湘、二女韻真合影。

2005 年 2 月作者次子選良（右一）回台北與父（右二）及
作者夫人（中）三女韻湘（左二）二女韻真（左一）合影。

作者墨人在書房留影，時年八十五歲。

《墨人博士大長篇小說〈紅塵〉法文譯本封面照片》

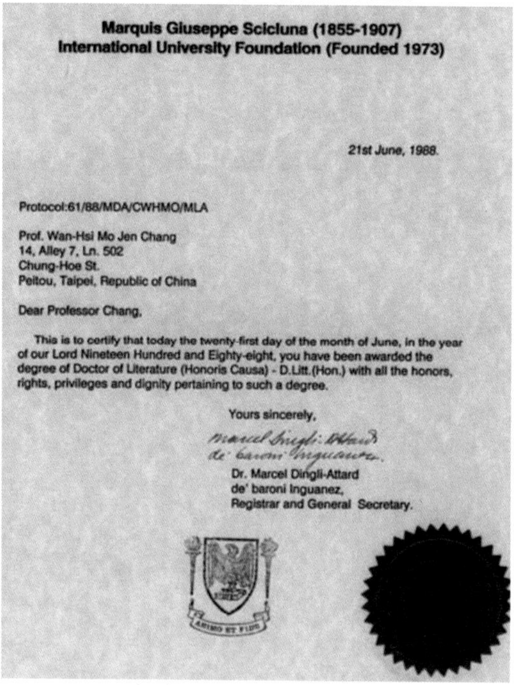

Marquis Giuseppe Scicluna (1855-1907)
International University Foundation (Founded 1973)

21st June, 1988.

Protocol:61/88/MDA/CWHMO/MLA

Prof. Wan-Hsi Mo Jen Chang
14, Alley 7, Ln. 502
Chung-Hoe St.
Peitou, Taipei, Republic of China

Dear Professor Chang,

This is to certify that today the twenty-first day of the month of June, in the year of our Lord Nineteen Hundred and Eighty-eight, you have been awarded the degree of Doctor of Literature (Honoris Causa) - D.Litt.(Hon.) with all the honors, rights, privileges and dignity pertaining to such a degree.

Yours sincerely,

Dr. Marcel Dingli-Attard
de' baroni Inguanez,
Registrar and General Secretary.

1988 年美國馬奎士國際大學基金會，授予張萬熙墨人教授榮譽文學博士學位證書。

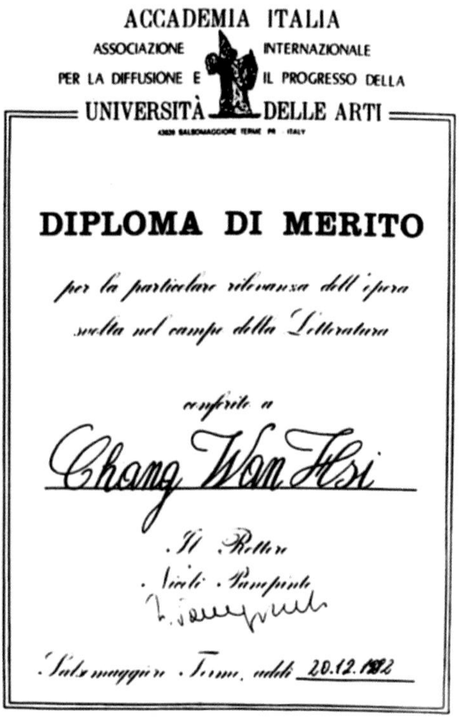

ACCADEMIA ITALIA
ASSOCIAZIONE INTERNAZIONALE
PER LA DIFFUSIONE E IL PROGRESSO DELLA
UNIVERSITÀ DELLE ARTI

DIPLOMA DI MERITO

per la particolare rilevanza dell'opera scelta nel campo della Letteratura

conferito a

Chang Wan Hsi

Il Rettore
Nicolò Pampinto

Salsomaggiore Terme, addì 20.12.1982

義大利出版英、法、德、義四種文字的「國際文學史」的 ACCADEMIA ITALIA, 1982 年授予墨人的文學功績證書。

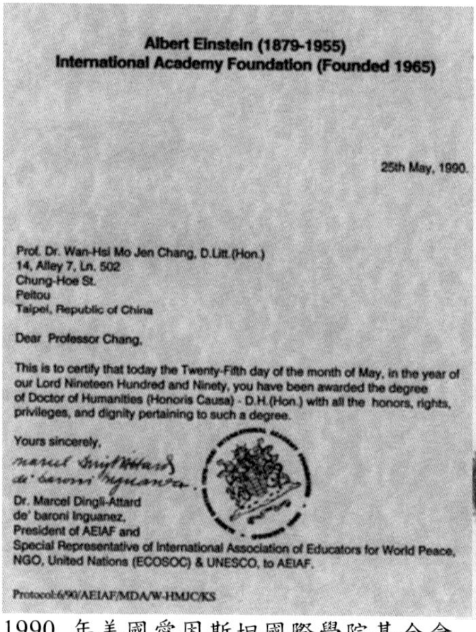

Albert Einstein (1879-1955)
International Academy Foundation (Founded 1965)

25th May, 1990.

Prof. Dr. Wan-Hsi Mo Jen Chang, D.Litt.(Hon.)
14, Alley 7, Ln. 502
Chung-Hoe St.
Peitou
Taipei, Republic of China

Dear Professor Chang,

This is to certify that today the Twenty-Fifth day of the month of May, in the year of our Lord Nineteen Hundred and Ninety, you have been awarded the degree of Doctor of Humanities (Honoris Causa) - D.H.(Hon.) with all the honors, rights, privileges, and dignity pertaining to such a degree.

Yours sincerely,

Dr. Marcel Dingli-Attard
de' baroni Inguanez,
President of AEIAF and
Special Representative of International Association of Educators for World Peace, NGO, United Nations (ECOSOC) & UNESCO, to AEIAF.

Protocol:6/90/AEIAF/MDA/W-HMJC/KS

1990 年美國愛因斯坦國際學院基金會授予張萬熙墨人教授榮譽人文學（含哲學文學藝術語言四種）博士學位

WORLD UNIVERSITY ROUNDTABLE
In Corporate Affiliation with the World University

Greetings

In recognition of Distinguished Achievement within the principles and purposes of the World University development, the Trustees of the Corporation, upon the nomination of the Secretariat, confer doctoral membership and this honorary award upon

Chang Wan-Hsi (Mo Jen)

The Cultural Doctorate in Literature

with all rights and privileges there to pertaining.

Witness our hand and seal at the International Secretariat Regional Campus, Benson, Arizona April 17, 1989

President of the Board of Trustees
Secretary of the Board of Trustees

1989 年美國世界大學授予張萬熙墨人榮譽文學博士學位，文化大學創辦人張其昀（曉峰）先生亦獲此榮譽。

THIS PICTORIAL TESTIMONIAL OF ACHIEVEMENT AND DISTINCTION proclaims throughout the world that

DR. CHANG WAN-HSI (MO JEN)

is the recipient of the above-mentioned Honour, granted by the Board of Editors of the

2000 OUTSTANDING SCHOLARS OF THE 20TH CENTURY

meeting in Cambridge, England, on the date set out below, and that the Board also resolves that a portrait photograph of

DR. CHANG WAN-HSI (MO JEN)

be attached to this Testimonial as verification of the Honour bestowed.

2000 OUTSTANDING SCHOLARS OF THE 20TH CENTURY

First Edition

Signed and sealed on the 14th December 1999

Authorized Officer

1999 年 10 月張萬熙墨人博士榮登英國劍橋國際傳記中心《二十世二千位傑出學者》第一版證書。

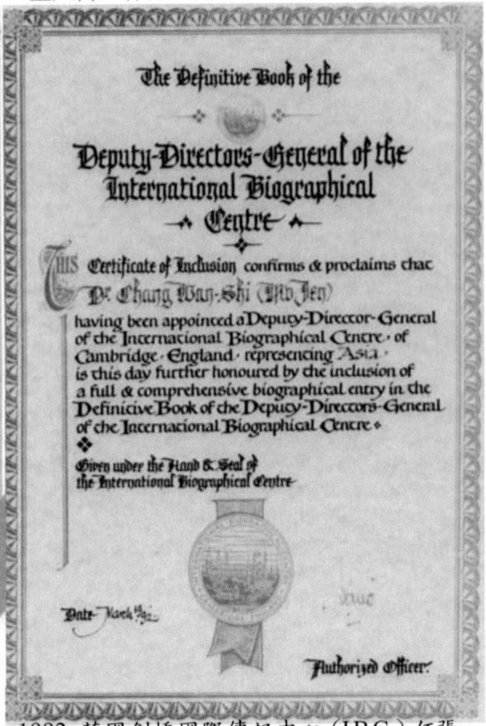

The Definitive Book of the Deputy-Directors-General of the International Biographical Centre

This Certificate of Inclusion confirms & proclaims that Dr. Chang Wan-Shi (Mo Jen) having been appointed a Deputy-Director-General of the International Biographical Centre, of Cambridge, England, representing Asia, is this day further honoured by the inclusion of a full & comprehensive biographical entry in the Definitive Book of the Deputy-Directors-General of the International Biographical Centre.

Given under the Hand & Seal of the International Biographical Centre

Date

Authorized Officer

1992 英國劍橋國際傳記中心（I.B.C.）任張萬熙墨人博士為代表亞洲的副總裁。

THE INTERNATIONAL SHAKESPEARE AWARD FOR LITERARY ACHIEVEMENT

This Illuminated Certificate of Merit commemorates and celebrates the life and work of

Dr. Chang Wan-Hsi (Mo Jen) DDG

and is therefore a rightful recipient of the Shakespeare Award for Literary Achievement and as such stands testament to the efforts made by said individual in the arena of

Poetry, Novels and the Humanities

Witnessed on the date set out below by the Officers of the International Biographical Centre at its Headquarters in Cambridge, England and signed by the Director General and Editor-In-Chief.

16th March 2009

Director General　Editor-In-Chief

2009 年 3 月 16 日英國劍橋國傳記中心總裁與總編輯聯合授予張萬熙墨人博士國際莎士比亞文學成就獎。

International Biographical Centre Cambridge CB2 3QP England
Telephone: +44 (0) 1353 646600 Facsimile: +44 (0) 1353 646601

IBC

REF : LAA/MED/MW-13640

13 November 2002

Dr Chang Wan-Hsi (Mo Jen) DDG
14 Alley 7, Lane 502
Chung Ho Street
Peitou
Taipei
Taiwan

Dear Dr Chang

Please find enclosed the Medal in respect of the **Lifetime Achievement Award** which I hope meets with your approval.

Yours sincerely

MICHELLE WHITEHALL
Personal Assistant to the Director General

Enc

英國劍橋國傳記中心(I.B.C.)2002 年頒發詩人作家張萬熙（墨人）博士終身成就獎，英文信及金牌正反面照片墨人早年即被 I.B.C.推選為副總裁。

墨人博士作品全集

富國島

目　次

第一章 俘擄營人才濟濟 當國島好夢連連

「喲！硯芬，我的手又割破了！」劉文龍突然放下手裡剛拔起來的一束茅草，向梅硯芬說，他的左手手掌和指頭現出兩三處被茅草割開的新口，鮮血正從傷口汩汩地往外流。

梅硯芬馬上走過來托着他的手，用衣角醮乾血，隨即在身上撕下一塊破布替他包紮，然後又溫情地對他說：

「文龍，你休息一下吧，讓我一個人來割。」

「不！我還是繼續拔，如果不早點把房子蓋好，第二批人就要住露天了。」文龍一面說一面又彎下腰來繼續拔草，不過現在拔得慢點，他手上的舊傷口還是剛好，現在又添了新傷口，的確相當痛苦。要不是為了蒙陽第二批人來住，他是不必這樣加工的。他們這一批來的一千五百人還有好些住露天哩！因此他不敢懈怠一下，何況這種痛苦在蒙陽時已經受得很多了。

「那麼讓我來拔，你拿刀割吧！」硯芬把刀交給文龍，她那橢圓的貧血的臉上同時浮起一絲淡淡的笑容，彷彿一線陽光穿過冬天的雲層，在文龍心頭平添一份溫暖。

「你可要小心哪！不要也割破手了。」文龍接過刀叮囑硯芬。他望着她那雙纖纖的秀手心裡非常愛惜。提起這柄刀那不過是五六寸長的鈍鐵磨成的。當他們被法國人集中蒙陽時，除了一把漱口缸外，每個人身上都找不出一片金屬，連剃刀，剪刀，手電筒都被法國人檢查沒收了。而蒙陽又是一片荒烟蔓草，荊棘叢生。原來在第二次大戰時日本人在宮門登陸，先把蒙陽全部炸毀，幾年來絕無人跡，除了幾座破瓦殘垣以外，唯一遺存的就只有電線桿了。他們初到時只好用毯子在樹底下牆角下搭起帳蓬，像冬眠的蛇蠍一樣蜷伏着，但還有好多人連臨時遮遮風雨的毯子都沒有，因此生病死亡的很多。他們何嘗不想搭茅棚遮遮風雨？可是兩三萬人沒有一塊鐵片，起先大家都用手拔茅草，折樹枝，劈竹片，因此弄得手上鮮血淋漓，但進度還是很慢。後來不知道是誰忽然[redacted]主意打到電線桿上的鐵片上了。那些鐵片是戰前行駛電車的鐵架上突出的一小部份。第一個人用盡方法把牠取下來之後，在鐵軌上敲敲打打，慢慢地磨成了小刀，其他的人跟着效法，於是蒙陽集中營成天叮叮噹噹之聲不絕於耳。文龍就是在這種情形之下磨成這柄小刀的，他對它視之如命，所以這次他第一批遣到富國島來就把它帶了過來，這是他僅有的財產了。他爲了愛護硯芬，這幾天來就一直讓她使用這柄刀，自己却用手拔草，想不到一個疏忽又被茅草把手割破了。現在他接過這柄刀又怕硯芬把手割破，以前她在蒙陽拔茅草時也常常被鋸齒形的茅草葉子割破手的。

「文龍，我們這種生活不知道什麼時候才能結束呢？」硯芬拔了一束草又抬起頭來問文龍。她隨部隊撤退來越南快半年了，一出國門就感到亡國之痛，原來法國人是答應這批中國部隊和難民假道去臺灣的。但等這批部隊完全解除武裝之後法國人就不遵守協定了，而且把他們當俘虜看待。過丁拉之後就接二連三地檢查，連褲襠裡都要摸摸。到蒙陽就等於進集中營，每天每人僅發一盌米，吃稀飯都不够。而且沒有鍋，沒有盌，沒有筷子，切菜的刀是早已當作武器沒收了，大家一方面要搭茅棚，上山做苦工，一方面又要忍饑挨餓，病了又沒有藥醫，兩三萬人吃在一塊兒，痾在一塊兒，過着一種豬狗不如的生活，有些人忍受不了又偷偷地跑回國去，或者遁入深山，甚至跳海自殺。而他們費時一個多月辛辛苦苦搭建起來的茅棚在半個月之內就燒了三次，燬掉十之七八。因爲他們集中的地區很小，茅棚鱗次櫛比，又無消防設備，一起火就無法挽救，而法國人發給他們當作食用的椰子油又是最容易惹火的，加上越盟又不斷騷擾威脅，接濟非常困難，所以法國人決定把他們遷到富國島來。來富國島之先還傳說紛紛，有的說是送到西貢修建飛機場的，有的說是送到非洲去做苦工的，而法國人始終是秘而不宣，直到踏上富國島他們才明白。按照協定法國人是當應把他們遣送回臺灣的。現在既然被遣到富國島來，以後的命運如何？這種羈禁的痛苦生活什麼時候才能終止？這眞是他們最關心的問題。

「誰知道呢？也許這還是惡運的開始哩！」文龍伸起腰來望了硯芬一眼，然後漫應一聲。他比硯芬更心憂，他知道目前是絕對沒有回臺灣的希望了！他甚至害怕法國人有一天會把他們送回大陸去。西方國家是欺弱怕強的。尤其是法國目前的這種處境，實在不無可慮之處的。

「文龍，這眞像一場夢，我們怎麼會落到這種地步呢？」硯芬的臉漸漸陰暗起來，兩眼也充滿了夢樣的憂鬱。

是的，這眞像一場夢，文龍覺得更像一場夢。半年前他們一師人平定了邵陽叛變的部隊，又在青樹坪打了一個大勝仗，克復了新化，湖南局勢似乎很有可爲。但後來不知怎麼搞的情勢突變，自洣水、衡山、青樹坪、以迄溆浦，辰谿這一線動搖了，他們的部隊已陷入敵人的重圍，奉令向邵陽撤退，在新化城東南台山和敵人激戰了一晝夜，以後又在荷葉塘遇伏，部隊都衝散了，僅剩下他的機槍連掩護師部向雪峯山撤退，一路上又遭遇不少次數的襲擊，頭上下着大雨，肚子裡又沒有吃過一點東西，一直苦撐到雩峯山才吐一口氣。到雩峯山之後決定向廣西突圍，以後又經過不少次的戰鬭才到梅溪口，脫離敵人的包圍圈。他們這一師人到廣西靈川才滙合起來，幸好損失不大，經過極短期間的整訓後就開到桂林擔任城防，他們這一師人這次能夠突圍出來很出乎一般人意料之外，所以一到桂林就受到熱烈的歡迎，各報記者也紛紛採訪他們突圍的經過。硯芬當時就在一家報館擔任外勤，她就是為了採訪突圍情形和文龍認識的。那時文龍是師直屬部隊機槍連長，師部突圍的成功他的貢獻最大，所以他一時成為新聞人物。他年青、英俊、勇敢、熱情，硯芬第一次會見他就留下一個非常好的印象。他對於硯芬的秀外慧中也很有好感。在桂林擔任城防期間，他們又經常會面，感情也與日俱增。所以當桂林撤退時硯芬決定放棄記者工作，在政工隊補上一個名字，和他們的部隊一同行動了。從桂林到臨店他們是一路且戰且退的，不僅正規部隊向這方面退、雜軍、政府機關、難民、學生也隨着一同退。到南寧之後路上就更加擁擠了，而敵人却一直跟在他們的屁股後面追，他們一面要抵抗敵人的追擊，一面還要應付土匪的襲擊，一面要保衞自己，一面又要保護政府機關人員和難民。而土匪的襲擊實在比敵人的追擊更可怕，沿途有不少官兵被他們殺雞般的宰掉了，對於行李的搶刼更為澈底，有好多難民被剝得一絲不掛，只好用稻草圍着遮羞，女人也僅僅留一條短褲，低着頭不敢見人。抵達臨店時他們才停頓下來，和法方交涉假道撤退，法方答應他們五百人一組，三十分鐘一次，順序進入越境，這樣通過是相當費時的，同時後面的敵人又已追到，追擊砲彈不斷的落下來，機槍也向他們嗒嗒的掃射，最後就不分軍隊老百姓像潮水一樣地一湧過來了。

他們就是這樣進入越南的。

「硯芬，如果不是因爲我，妳也許還在桂林呢？」文龍抱歉地望着硯芬。因爲她過去幹的是自由職業，沒有什麼政治色彩，那時一般記者對共產黨避之唯恐不及，很少願意跟着國軍撤退的。

「那就很難說了。」硯芬向他嫣然一笑。

「現在妳不後悔嗎？」他兩眼深沉地望着她。

「和你在一塊兒我是永不後悔的。」硯芬笑着搖搖頭，然後又加上一句：「現在我唯一的希望是法國人遵照協定早點把我們送到臺灣去。」

「硯芬，我們等着瞧吧！只要我們不動搖，不屈服，我們的目的總有一天要達到的。」文龍雙手搭着硯芬的兩肩，兩眼盯着硯芬的臉上深沉地說。

[redacted]

文龍硯芬他們這批人中各色各樣的人都有，有斷腿斷臂的榮譽軍人，有專家學者，有畫家、詩人，有音樂家、戲劇家，有農人、商人、甚至還有妓女和匪諜。官階大的有中將兵團司令，校尉官自然更多，文官自特任大官以至委任十六級的芝蔴小官都有。以籍貫來講各省人都有，其中自然以湖南人最多。以年齡而論，有七十歲以上的小脚老太婆和剛出生幾小時的嬰兒。這眞是一個大雜會。

在這些人中和文龍硯芬最接近的有榮譽軍人王亞牛。亞牛斷了一隻左腿，他就憑一隻腿一隻扶手從桂林一直和大部隊跋涉到越南來。他今年才二十八歲，性格倔強得不得了，文龍很喜歡他。

黃老太太是個難民，是在南寧和家人衝散的。在兵慌馬亂中她只好跟着大部隊跑，這是一股洶湧的人流，她也不知道自己究竟流向什麼地方去？一路上文龍和硯芬憐憫她孤苦伶仃，又是那麼一大把年紀，因此很小心地照顧她。硯芬和她更是寸步不離。時間久了他們的感情就一天天親密，現在文龍硯芬和她就同母子母女般地親熱了。

李旺本來是個初中學生，在逃難期中他始終追隨文龍，後來文龍索性給他補了一個勤務兵的缺。他今年才十七歲。文龍硯芬都很愛護他。

田丁是一位詩人，楊柳是一位畫家，曹沛然是一位音樂家，胡牧野是一位戲劇家，他們都是年青人，和文龍硯芬又最合得來。除了牧野早在政工隊工作外，田丁他們幾個人也都吸收在政工隊裡，彼此接觸的機會最多，所以現在他們簡直是最好的朋友了。

四川商人劉發祥，農人張大，也是天天和他們在一塊兒的。管訓處張處長是文龍的老師長，不用說也常與他們接觸的。

自從進入越南以後，大家就同生死，共患難。在蒙陽那段「俘虜」生活期間，他們就覺得彼此的命運是不分的，現在來到富國島自然更是同命了。

來到富國島之後他們的第一件工作就是搭建茅棚。這幾天來一千多人天天都在山上拔茅草，劈竹子，砍樹木。鐵片磨成的小刀現在發揮了很大的功用，假使每人都有一柄，那工作的效率可能更大，可惜只有三分之一的人才有這種工具，因此有好多人的手都像文龍那樣被割破了。

茅草、竹子、樹幹、籐條、這些建築材料齊備之後，文龍他們就按圖搭建。他們有在蒙陽的那份經驗，再加上良好的繪圖設計，這次做起來可說是駕輕就熟了。

「有這樣好的木料，我們這次搭建的營房一定比蒙陽的要堅固得多了。」文龍豎起一根柚木柱子興奮地說。

蒙陽的營房純粹是臨時性質，只勉強可以遮遮風雨，這次在富國島搭建營房大家都考慮得久遠一點，加之木材又好，住起來一定要舒適安全得多了。

「[illegible]文龍兄，我們這棟新厦落成之後，應該吃你和硯芬的喜酒了。」田丁笑着說。他很風趣，愛說愛笑，文龍和硯芬的情形他都看在眼裡，他想他們應該可以結婚了。

「田丁，你真是窮開心，這幾天來是不是寫不出詩了？」文龍也笑着說。他和硯芬的感情那是用不着說，可是一提起結婚那真是一件令人皺眉的事！目前連肚皮都塞不飽，衣服也沒有得穿，而且還沒有脫離俘虜的命運，剛搭茅棚就談結婚這不是真開窮心嗎？

「硯芬，你們的事情到底怎麼辦哪？」田丁又伸着頸子轉問硯芬。他對他們的事也是真的關切。自從入越以後所經歷的都是傷腦筋的事，如果有一件喜事來沖沖也未嘗不可以轉變一下悲愁的氣氛的。

「田丁，你怎麼老是動嘴不動手？你看，大家都在工作，只有你唧唧哇哇！」硯芬盯了田丁一眼，同時把菱形的嘴角微微的一撇，然後又向他俏皮地一笑。

「硯芬！你看，我這不是在工作嗎？」田丁馬上抱起一根柚木柱子往挖好的土洞裡一挿，蒼白的臉上露出一絲頑皮的笑，額角上却已沁出豆大的汗珠了。

「田丁，你看你眞不管用，剛搬動一根柱子就累出一身汗來。」文龍友愛地說。田丁的身體比較弱，經過這幾個月的俘虜生活又虧虛不少，在蒙陽時已險些一病不起哩！

「唉！眞是倒楣倒到外國來了！我這條命不要丟在富國島才好。」田丁艾怨地把柱子用力一篤，他也覺得自己的身體實在差勁。他以前過的生活相當優裕，沒有吃過什麼苦頭，現在吃也吃不飽，睡也睡不好，受了幾個月的折磨身體就更差了。

「田丁！你還是休息一下吧，剛才我是說着玩兒的。」硯芬馬上向田丁友愛地一笑。

「不！硯芬！連妳都在工作我怎麼能閒着呢？」田丁望了硯芬一眼又繼續工作。他知道每一個人都是同樣的待遇，同樣的苦撐，硯芬的臉色不是和他自己同樣的蒼白嗎？她以前又何嘗吃過這種苦呢？文龍的身體雖然強健，但貧血症同樣在侵襲他，而他還是繼續負擔最繁重的工作，同時還要擔任警衞，連又應該嗎！此外如小鬼李旺，畫家楊柳，音樂家曹沛然，戲劇家胡牧野，又有那一個不在工作呢？連一條腿的榮譽軍人王亞牛都在工作，他怎麼能不工作呢？

「田丁，你不要搬柱子，理理茅草好了。」文龍向田丁揮揮手。

田丁揩揩額上的汗珠，向文龍感激地笑笑。柱子實在搬不動，他只好整理茅草了。

「文龍兄，你看我們這些房子什麼時候才可以完工呀？」田丁抱着一束矛草偏着頭問。

「處長命令我們五六天以內完工，還有三天期限，大概後天上午可以繳券了。」文龍剛堅好一根柱子，[redacted]正用脚踩緊泥土，他聽了田丁的話隨卽抬起頭來回答。

「第二批人什麼時候可以到達呢？」

「如果船期不誤，七天就可以到了。」

從宮門到富國島要七天七夜的航程。早晨文龍聽見處長說第二批人今天從宮門上船，所以他預料他們七天可以到達。

「假使他們都來了那我們就更熱鬧了。」田丁有點眉飛色舞起來。

「可不是？全島住民才一萬人，我們却有兩萬多，聽說介多那方面還有好幾千哩！」文龍用手背揩揩汗十分興奮地說。

他們是屬於第一管訓處的，他們被指定住在富國島的陽東市北面，與陽東市僅一河之隔，這一地區除了有一小部份越共潛伏在山上以外完全沒有住民，是一片荒野，日軍佔據富國島時曾在此地建築機場，現在是茅草叢生，樹木已長到一人多高了。他們的營房是在椰子林中搭建的，離海邊很近，這一帶住兩三萬人是沒有問題的。第三管訓處指定住在介多，兩地相距數十里。富國島全長約八十公里，寬約二十公里，島上都是山林，平地很少，他們來到之後就突破富國島有史以來的人口紀錄了。

「假使我們沒有解除武裝，那眞可以南面稱王了。」田丁高興得把手用力在大腿上一拍。他知道陽東市的法國駐軍不過兩三百人，如果他們還有武器，那不是輕而易舉地統治這個小島嗎？

「好，讓我封你做個富國王吧！」硯芬說着隨手拋給他一個茅草製成的冠冕。

「硯芬，那妳不是武則天就是伊麗沙白陛下了。」田丁接過茅草冠冕望着硯芬頑皮地笑着。

文龍硯芬聽了也不覺莞爾一笑。

「田丁你又在做什麼夢呀？」曹沛然聽見他們說笑也湊過來聊天。

「他想做富國王哩！」硯芬馬上接着說。

「哈哈[illegible]想，眞是天眞的[illegible]想。」沛然邊說邊笑。

「沛[illegible]假使我眞做了富國王，你願意做我的御前樂師嗎？」田丁的眼睛閃着[illegible]天眞的光芒。

「田丁，如果你眞的做了國王，你就不會欣賞我的音樂了。」沛然笑着說。

「爲什麼？」田丁睜着眼睛問。

「那你就會像尼羅王一樣，天天逼着我聽你唸詩啦！」沛然兩手向前一攤，哈哈地笑着。

「那他也會天天命令我遠征了。」文龍也笑着馬上接腔。

田丁聽了高興得[illegible]笑起來。

「陛下，開心嗎？」硯芬眯起眼睛望着田丁笑。

「我還缺少一盞神燈哩！這個樣兒怎麼能登極呀？」田丁指着自己的破軍服眨眨眼睛又說又笑。

「那我也不夠格做陛下的御前樂師了。」沛然笑着搔搔後腦亮。

「那我也不像一位國王的將軍了！」文龍笑着把兩手一攤。

「那我連做宮女的資格都不够哩！」硯芬紅着臉，不自覺地絞扭着襤褸的衣襟。

「哈哈，夢，夢，夢，這眞是白日夢！」

田丁說時哈哈大笑。大家都笑。

「一天能這樣笑幾次也許眞有益健康哩！」文龍若有所感地說。

「我們的營養實在太不够了，如果再皺眉苦臉，我就更吃不消啦！」田丁笑嬉嬉地說。

他們這幾個人中文龍的身體最好，也最能面對現實，他不悲觀，經得起打擊，做事總是脚踏實地、勇敢、熱情、負責。田丁愛幻想，懂風趣，他能在幻想中得到滿足，也能在現實中製造一點笑料，但是身體不夠好，不能[illegible]吃苦耐勞。沛然則愛在五線譜和音符中討生活，過去他有一個心愛的小提琴，進入越南後就被法國人沒收了。愁悶的時候他會拿着漱口缸用筷子敲敲打打，彷彿那也可以產生一種快樂，大致說來他也是達觀的。硯芬的個性是愉快的，開朗的，同時精神上已有寄託，生活上也很受文龍的影響，加之這半年的磨鍊，她已經擺脫一般女性的怯弱了。

「田丁，這兒的木薯，椰子，菠蘿很多，閒空時我們可以去採些吃，這樣我們的營養可能會好點。」文龍忽然想起這些野生植物來，他前天拔茅草時曾經發現很多這種植物，他和硯芬還吃過，味道和市場上賣的差不多，這對於他們這種半飢餓狀態中的人確是一種恩物。

「這兒近海，還可以撈點水產來吃。」硯芬望着蔚藍的海水說。她覺得富國島比蒙陽好多了，在蒙陽是什麼都找不着吃的。

「這邊還可以種地，以後紅薯、山芋、花生、青菜總會有得吃。」張大也插進來說。他手裡握着一撮泥土，正在那裡揑了又看，看了又揑。他一到富國島就注意管區附近的土地，雖然沒有一塊可以作水田種稻穀，但種些雜糧蔬菜是可以的。

大家對於改善日後的生活都多少懷了一點希望。不管未來的遭遇如何？生活總要活得像人一點。他們對於目前的非人生活是非常不滿的。

「我看我們還是早點把房子蓋好，住的問題解決了，吃的問題總也可以解決。」文龍彷彿看到一線希望的曙光，他興奮地架起樑柱，然後爬上頂去鋪蓋茅草。

硯芬仰着頭望着他讚賞地微笑，隨即加快[redacted]整理茅草。田丁沛然他們也像受了傳染似的興奮地工作起來。

兩天後，第一批的五百棟茅草營房完工了。

第二章　海風椰林小夜曲
摩洛哥兵野獸行

富國島的夜充滿着熱帶情調。海風一陣陣吹來，椰子樹的羽狀大葉子輕輕地搖曳着，飛松鼠在粗長的主幹上爬上爬下，飛來飛去。大蝙蝠在椰子林中穿梭地飛着，吱吱地叫着。山上還不時傳來幾聲野獸的嗥叫，和一種大得出奇的巨鳥的吻鳴。上弦月像一把玉女的銀弓在天邊斜掛着，星星像無數的銀色的彈丸，撒滿藍色的玉盤，不安定地閃着，跳着。

文龍，硯芬、田丁、楊柳、沛然、亞牛、牧野，劉發祥這些人，經過一天的勞頓之後，都靠在椰子樹幹上坐着休息，聊天，他們把白天配給的三個芭蕉留在這時享受，邊吃邊談，暫時忘却了愁苦。

「亞牛，我說你眞是一條牛，一條腿跟着我們跑了這麼遠的路，還能做這麼多的工作。」田丁又開口說話了。他覺得亞牛這個人簡直不可思議，他自己四肢健全，跑起路來幹起活來還不是亞牛的對手。

「我是當兵的，少一條腿有什麼稀奇？那像你那麼嬌生慣養的？」亞牛粗聲大氣的說。他十八歲開始當兵，在部隊幹了十年，一身都是傷疤，經過不少驚險的場面。抗戰時他伏在死屍堆裡過了兩天兩夜，林彪圍困長春時他還吃過死人肉。現在這種生活對於田丁是平生第一遭，對於亞牛却是家常便飯。他已經不知道什麼叫做困苦？他常常[redacted]說：「只要腦袋和脖子沒有分家，我是什麼都可以幹的。」

「田丁，軍人就是這個樣子，只要還剩最後一口氣，他決不會停止掙扎[redacted]。」文龍一面吃芭蕉一面說。

「我看亞牛就是斷了氣也會咬牙[redacted]瞪眼[redacted]的。」田丁笑着說。文龍和硯芬也笑着望了亞牛一眼。

沛然沒有參加他們的談話，他在輕輕地哼着歌曲。羅拔修曼的，貝多芬的，莫扎特的，蕭邦的幾支名曲他都哼得爛熟了。他自己還譜了不少曲子，這些曲子就是他一手拿着樹枝做的筷子一手拿着漱口缸那麼敲呀敲的敲出來的。現在他哼的是他新完成的一首「富國島小夜曲」，詞是田丁寫的。

海浪吻着沙灘

海風吻着椰林

你看那松鼠又飛上了樹頂
你看那蝙蝠吱吱不停
你聽那野獸正在嗥叫
你聽那巨鳥正在呦鳴
月如銀弓，星如銀彈
這弓這彈啊可會射着我們

楊柳呢？他正用鉛筆在一張廢紙上繪畫，他畫的是他們這幾個人的速寫像。

文龍的臉是長方的，鼻子和耳朵誇張了一點，因此顯得比原來的更高更大。嘴唇莊嚴地緊閉着，兩眼深沉得像兩口潭，裡面閃着炯炯的光芒。

硯芬的臉是橢圓形的，鼻子高而圓潤，眼睛大大的，睫毛密而長，天庭高廣勻淨，沒有一絲紋路，嘴形很端正，嘴角微微上揚，有點像紅菱的形狀。

田丁的腦殼特別大，下顎却很小，因此他的面形是上濶下尖。眼鏡是他面部的特殊標誌，頭髮也格外蓬亂，彷彿兩個月沒有梳洗。

亞牛的臉是方的，右太陽穴上有一個大疤，眉毛又粗又濃，大眼睛、大嘴巴、高顴骨、寬牙齒，處處都顯出他的粗線條。

沛然的臉是圓的，眉清目秀，皮膚白細，每一部位都似乎經過雕琢的，是那麼勻稱合適。

牧野是張馬臉，面貌冷靜，禿頂，一看就知道是一個富於理智的人。

劉發祥的頭是尖的、嘴巴、眼睛都很小。他面部唯一可取的地方就是那個主富的鼻子，鼻樑雖然很低，但準頭，諫台，廷尉却很豐滿，兩個鼻孔小得似乎不能再小，再小空氣都不能流通了。

楊柳自己呢？他雖然沒有把自己畫下來，但一看就知道他也有個大腦袋，還向前突出一點來，下顎倒是圓的，嘴唇很薄，牙齒很白，單眼皮，完全是一副藝術家的長相。

楊柳畫好之後馬上拿給大家看，大家對他的繪畫天才都很讚賞，只有劉發祥不同意，他說楊柳把他的頭畫得太尖了。

「閣下，你的頭本來就是這麼尖嘛！」楊柳說着又隨手摸摸劉發祥光光的尖頭，引得大家都笑了起來。

「硯芬的像眞畫得有點像林達黛妮兒哩！」田丁把硯芬的速寫像拿在手上仔細的端詳了一會然後慢條斯理地說。

「不是我畫得像，是她長得像。」楊柳看看硯芬之後馬上接腔。

「文龍的像畫得也有點像勞勃泰勒。」田丁看看畫像又看看文龍。

「我不過依樣葫蘆，沒有一點創作。」楊柳笑着說。

「楊柳，你把我的鼻子畫得太高，耳朵也畫得太大了一點。」文龍摸摸自己的鼻子和耳朵笑着說。

「我們這些人也只有你的鼻子最高，耳朵最大呀！」楊柳指着文龍的鼻子耳朵說。

「楊柳，你的手法多少有點誇張，我怎麼比得上林達黛妮兒呢？」硯芬向楊柳謙虛地笑着，但她心裡是蠻高興的。

「硯芬，應該說林達黛妮兒怎麼比得上妳？她不過是個演員，妳却在眞實地生活。」楊柳田丁都向硯芬翹起大姆指來。

「那我們不是太偉大了？」硯芬覺得好笑，她閃動着那長而密的睫毛，同時向後掠掠蓬亂的頭髮。

「可也不渺小呀！」田丁用右手托托眼鏡，馬上接着說。他覺得單憑他自己吃了這麼多苦頭就够偉大了。

「至少我們的生命沒有浪費，我們是在脚踏實地地生活。」文龍摔掉最後的一隻芭蕉皮，同時略微移動一下身體。

「我不懂什麼叫偉大渺小，我就是要活，活着總比死強。」亞牛搖搖頭，粗聲粗氣地說。

「這樣活着眞沒有意思，又不能好好的做生意。」劉發祥一面說一面用那對小眼睛偷看大家一眼。他想自己過去買進賣出，算盤打得嘩啦嘩啦地響，一天賺個千兒八百那多有意思？現在衣食住什麼都不成，外國人還把你當俘虜，實在不是味兒。

「你就只知道做生意，賺錢。錢，錢，錢！錢就是你的命一樣的。」亞牛瞪了劉發祥一眼，他最不喜歡劉發祥的猶太作風。

「人沒有錢就像魚沒有水，這世界本來是金錢第一嘛！你怎麼能怪我一個人哪！」劉發祥說着隨手在口袋裡掏出一包烟，先抽出一根，又嗞的一聲擦燃一根火柴，自顧自地抽着。

大家看見劉發祥抽烟，烟癮馬上發作了。這幾個月來他們都沒有抽過紙烟，所以田丁不禁睜大眼睛驚奇地問：

「劉發祥，你那兒弄來的紙烟？」

「有錢自有辦法！」劉發祥得意地笑着。他逃難時帶了不少金子大頭，現在還秘密地收藏了一些首飾。在蒙陽時沒有地方可用，在富國島可不同，陽東市有東西買，他雖然不懂越南話和法國話，可是他能說廣東話和福建話。陽東市有上千華僑，商店又十之八九是華僑開的，劉發祥今天傍晚時就偷偷地溜到陽東市去買了幾條法國烟和吃的東西回來。

「喂，分幾枝大家抽抽怎樣？」田丁厚顏地伸出手來。他的烟癮實在有點熬不住了。他希望劉發祥能慷慨一次。

劉發祥先看看這裡幾個人，除了硯芬不抽烟之外，還有文龍、田丁、楊柳、沛然、牧野，亞牛六個人，一人一枝就是六枝。一塊大頭三十枝，六枝就是一角八九分錢，分出去不免有點心痛。但劉發祥是聰明人，他為了圖他們一筆生意，還是答應了田丁的請求。不過他加上了這麼一句。

「送枝把烟沒有什麼關係，如果你們眞想抽我倒可以代你們買幾包。」

「多少錢一包？」田丁馬上把頭湊過來問。

「一塊光洋。」劉發祥嫺熟地伸出食指來。如果有人想買他一包烟就可以賺三毛多錢了。這筆生意是可以做的。

「太貴了！」田丁用力地把頭一搖。他過去雖愛抽洋烟，但還沒抽過一塊錢一包的。

「貴？你還買不到哩！」劉發祥馬上白了田丁一眼。他知道他們不會講法國話越南話，也不會講廣東話福建話，生意路子不熟，非仰仗他不可。

「好，好，好，就依你的。」田丁看看拗不過劉發祥，他也只好火燒牛皮自轉彎。「你明天替我買一包好了。」

接着文龍、楊柳、沛然、牧野，也都拜託劉發祥各買一包，只有亞牛沒有託他，他倒不是捨不得一塊大頭，實在是不歡喜劉發祥這個人。

劉發祥看看四包烟的生意已經篤定，這才慢慢地掏出幾枝烟來奉送。亞牛不願接受他的贈予，馬上借故走了。硯芬看看時間不早，也和亞牛一道離開。

文龍，田丁他們一枝烟在手興頭更加十足，對於富國島這樣涼爽優美的夜就格外留戀，談着，談着就不知上弦月之下落了。

他們正談得起勁的時候忽然聽到一聲女性的尖銳的號叫。他們仔細辨認之後知道這是硯芬的聲音。於是文龍拔脚就跑、楊柳、田丁、沛然、牧野，劉發祥也跟在後面追過去。文龍快跑到時看見兩個摩洛哥兵正抱住硯芬糾纏，亞牛已被他們打暈在地上。文龍眼快手快，他撿起亞牛的扶手一個箭步跳上前去對準一個摩洛哥兵的後腦殼猛擊一下，這個摩洛哥兵馬上癱瘓下去。另外一個摩洛哥兵正掏出手槍準備向他射擊時，他旋風樣地一轉身又是一扶手先把這個傢伙的手槍打掉，等他再擧起扶手想打時這個摩洛哥兵已經抱住他了。於是，他丟掉扶手用力把這個摩洛哥兵摔倒。他們兩人在地上連翻了幾個滾身，氣吁吁地掙扎着。忽然文龍找着一個機會抽出右手用力在他臉上猛擊一拳，這傢伙經這一擊就有點暈眩，但是先前被文龍擊倒的那個摩洛哥兵忽然爬了起來，他正想過去帮忙時田丁楊柳他們恰好趕到，他看看這邊人多勢頭不對，拔起脚來就向陽東那邊奔跑。這時文龍又接連在這個摩洛哥兵臉上打了幾拳，這傢伙鼻子已經流血眼睛已經青腫了。於是文龍驀地一躍雙手叉腰地站了起來，硯芬田丁他們也圍攏過去。文龍命令那傢伙爬起來，他聽不懂話，只是驚恐地望着文龍，文龍馬上伸手揪住他的衣領用力地把他提了起來。

這傢伙的個子比文龍還高大，一臉絡腮鬍鬚，相貌相當兇惡。現在則像一隻鬬敗的公鷄，兩眼溜溜轉，如果不是大家圍住他，他一定要逃跑的。

現在怎樣處置這個傢伙呢？大家都有點擧棋不定。正在這時亞牛忽然在地上吼叫起來：

「槍斃他！槍斃這個王八蛋！」

亞牛甦醒了，他正躺在地上爬不起來。硯芬找着他的扶手馬上送了過去，又把他扶了起來，他憤怒得像一隻撐起頸毛的公鷄，一幌一幌地急趨過來，同時擧起扶手想打那個摩洛哥兵，文龍馬上搖手勸止：

「亞牛，我剛才已經教訓他了。」

亞牛只好把擧起了的扶手又放下來，紅着眼睛瞪着那個摩洛哥兵。

大家商量的結果，決定把這傢伙連人帶槍送到處裡去，明天再和法軍交涉，要他們保證以後不得再發生類似的事情，否則決不客氣。

文龍把那傢伙送到處裡之後在路上輕輕地問硯芬：

「剛才受驚了吧？」

「如果你不趕來……」硯芬欲言又止，她望着文龍又羞慚又感激地微微一笑。

「唉！如果這傢伙交給我那眞可以做一筆生意哩！」劉發祥忽然惋惜起來。他很後悔剛才自己怎麼會同意把那傢伙送到處裡去？如果由他去私自交涉這件事那不比四包香烟有更大的好處嗎？

「滾你媽的蛋！」亞牛的眼睛睜得銅鈴一般大，狠狠地瞪了劉發祥一眼。他剛才一肚皮氣沒有地方出，這下可找着對象了。

大家聽見亞牛罵劉發祥都不自覺地輕鬆一笑。

海風仍是一陣陣吹來，椰子樹的大葉子輕輕地搖曳着，搖曳着……。

沛然又哼起他的「富國島小夜曲」了。

第三章　異域樓遲存壯志　中原底定看先鞭

羈留在蒙陽的人已經陸續來到富國島了，營房也已搭建完成，那一排排的整齊的茅屋，一眼望去頗爲壯觀，每一單位的門口都豎有牌樓，兩旁邊各設崗亭一個，式樣各出心裁，有八角的，有四方的，也有圓形的稻草堆式的，都很別緻美觀，牌樓的橫額和兩邊都有題字和對聯，管訓處大門口的牌樓橫額是「還我河山」

四個岳體大字，兩邊的對聯是：

瞻望前途雄心似海

緬懷祖國熱血如潮

在營房搭建完成之後還修築了一條通往介多的公路，重新翻修了一座通往陽東市的中山橋，搭建了兩所醫院，另外還建造了一座中山堂。這座中山堂是全島規模最大的建築，是以最現代化的電影院爲藍本而精心設計的。

中山堂的最大容量是二千二百人，座位有一千八百個，二十三公尺寬，六十公尺長，全部木材都是清一色的好柚木，上面蓋的也不是茅草而是檳榔葉子。據當地居民說檳榔葉每匹市價是五角越幣，而中山堂用了二十八萬多匹，只這一項就值十四萬多越幣，木料的價值那就更大了。建築用的工具除了大鋸是向陽東市購買的以外，其他如斧頭，鑿子，大鐵釘等等，都是他們自已用廢鐵打的。他們這些人裡面什麼人才都有，木匠、鐵匠、泥水匠……都是數以千百計，所以這樣大的一座中山堂在二十五天內就完工了。

從外表看中山堂確是雄偉壯觀的。那「中山堂」三個字每個字都有一公尺大小，門口還有一付大對聯：

異域棲遲猶存壯志

中原底定誰着先鞭

中山堂的兩旁還有「止戈」「挽瀾」兩個亭，更顯得氣概非常。內部有三間圖書室，一個兼作演講演戲的舞臺，這個舞臺也相當大，寬二十公尺，長十五公尺，舞臺後面還有一間精巧的化粧室。落成的這天舉行了一個非常隆重的典禮，好幾千人參加，這是富國島有史以來的一件大事。

這天文龍、硯芬、田丁、楊柳、沛然、牧野他們都忙得不得了。文龍管總務，忙着張羅佈置，還要在「孤島長虹」裡客串王團長一角。硯芬、田丁、牧野他們忙着排戲，他們準備在慶祝晚會裡演出這個三幕話劇。

話劇劇本是牧野自己編的，劇名「孤島長虹」，演員是政工隊的全班人馬，女主角由硯芬擔任，導演由牧野自己兼任。

這一向來硯芬忙着唸臺詞，練習動作，已經非正式地排演兩次，牧野爲了使這次演出收獲良好的效果起見，他決定在舞臺上正式排演一次。他對於戲劇工作很認眞，對這本自編自導的劇本更絲毫不肯馬虎。對每一位演員的要求也很嚴，臺詞唸錯了一個字，動作走了一點樣他都馬上糾正，直到他滿意爲止。

「牧野，我早就說過我不會演戲，你硬要派我這一角，我眞就心今天晚上會失敗。」硯芬微微皺起兩條柳眉。她臨到正式排演時反而有點怯場，她眞怕晚上當着二千多位觀衆面前手足無措。她的舞臺經驗是並不豐富的。

「硯芬，這個戲的內容你早就瞭解了，演我們自己的故事妳還躭心演不好嗎？」牧野指着手上的油印劇本向硯芬和顏悅色地說。他這個戲的內容就是寫他們從湖南撤退，以至到富國島的經過，完全以他們這些人爲中心，是一個寫實的劇本。裡面的人物雖是化名的，但都有所影射，當初他要芬硯演胡木蘭這一角就是這個道理。

「可是戲同現實的生活多少總有點距離，故事經過了組合，人物也經過創造，胡木蘭的性格和心理狀態我就有點把握不住。」硯芬把身體微微扭動一下。她覺得第一次登臺要想演好戲是不大容易的。

「硯芬，我告訴妳，經驗固然重要，天才更是不可缺少的。」牧野伸出右手的食指，使它筆直地停留在自己的鼻樑和硯芬的鼻樑之間，他的兩眼就越過食指盯着硯芬說話。他幹了十幾年導演工作，他瞭解一個演員應該具備些什麼條件。經驗固然重要，天才尤其不可缺少，有的人演了十年八年戲還只配當次要的角色，有的人演三兩年就是一個很成功的演員了。政工隊裡並不缺少十年八年的老演員，可就缺少一個天才演員，所以他這次想到硯芬，一則因為她的基本學識够，二則因為她的臉形，身材，都很够標準，因此他特地給她一個機會試驗一下。

「你以為我有演戲的天才嗎？」硯芬偏着頭閃動着她那密而長的美麗的睫毛望着牧野，嘴角上還掛着一絲智慧而俏皮的微笑，左頰上自然的露出一個圓圓的酒渦。

「妳是屬於天才一類的。」牧野向她讚賞地點點頭。

「我真躭心，有些動作還不熟練，一着急臺詞就會忘記。」硯芬的眉微微一皺，看得出她心裡有點不安。

「現在妳所需要的就是鎮定，不要過於緊張。我所躭心的不是妳，而是田丁的張秘書。」牧野一面向硯芬說話一面又偷看田丁一眼。

田丁演戲的天才是有的，就是不肯認真排演，臺詞到現在還沒有唸熟，而且常愛添油加醋。他和牧野的感情又好，不大肯聽他的指導，還說劇本裡有些對話太缺少詩意，不合他的口味，所以牧野很躭心。

「不是吹牛，到那時我自能應付過去。」田丁聽見牧野提到他，馬上把頭一昂，好像不服氣似的。

「閣下，如果你在臺上唸起詩來那我這個戲就要被你弄得一塌糊塗了！」牧野的馬臉起初是一陣驚喜，隨後又慢慢地拉長，終於形成一個無可奈何的苦笑。

「老兄，『羅密歐與朱麗葉』不都是詩嗎？」田丁一面說一面得意地欣賞牧野那張尷尬的馬臉。

「話不是這樣講，『羅密歐與朱麗葉』是詩劇，『[redacted]劇，氣氛完全不同[redacted]！」牧野拿着劇本打拍子似的抑揚頓挫地說。可是他心裡真有點着急起來。

「那你為什麼不把它寫成詩劇呢？」田丁搖頭擺腦地望着牧野說。看上去好像有點惡作劇。

「閣下，我[redacted]戲是寫給大家看的，不是寫給你一個人看哪！再說我也沒有莎翁的詩才，你總不能強我所不能呀！」牧野的禿頂都有點發紅，眉毛快要打起結來了。看那樣子就知道他心裡很苦，在田丁面前他是不好擺劇作家和導演的架子的。

「就是寫出來一般人也看不懂呀！」覡芬馬上笑着插進來解圍。「我們這個團體裡不只我們這幾個[redacted]！還有許多木匠、鐵匠、裁縫、大兵、……不識字的人多着呢，他們怎麼能欣賞詩呀？就以商人劉發祥來說吧，他能看懂你田丁的詩那才怪哩！」

「照你這樣說牧野寫的話劇他們也不見得懂呀！」田丁驀地站了起來，他不相信他們也能看懂話劇的。

「所以今天夜晚除了我們這個戲之外還有平劇，湘劇，川劇，河南墜子，山西梆子，……」牧野唸急口令般的講了一大堆，最後還加上結語：「所以藝術也不能脫離群衆呀！」

「這樣說那麼我就只好遷就你的大作了？」田丁摸摸後腦殼，心裡也覺得好笑。

「閣下，還是請你委屈一點吧！你演的是張秘書，不是你田丁自己呀！」牧野的禿頂發亮，馬臉也忽然開朗起來，看上去沒有原來那麼長了。

「扮演了劇中人就失掉了我本來的面目，這眞是一個很大的損失啦！」田丁睜大眼睛望着牧野，彷彿牧野眞在他身上取去了一點什麼似的。

「這就叫做忠於藝術呀！演張三要像張三，演李四要像李四，我所要求你的是要像張秘書，不要像田丁。」牧野又趁機講出一套戲劇理論。

「難道你要否定我的存在嗎？」田丁的眼睛睜得更大了，同時向牧野走近一步。

「平常我承認你的存在，而且是一種極有意義的存在。但是在我的戲裡我就否定你的存在，因爲那裡面沒有你呀！」牧野一面說一面謹愼地向後退，他從來沒有感覺到田丁會像現在這樣有一種潛在的威脅。

「好！就算你對吧！」田丁忽然把兩手一攤，然後又頹廢地坐了下來。「這次我犧牲自己成全你和張秘書，下次可不能援例。」

「好，下次我一定把你加進去，讓你去自我表現吧。」牧野馬上走過去親熱地拍拍他的肩。於是兩人相視一笑。

「文龍的王團長怎麼辦呢？他的臺詞還沒有唸熟呀！」硯芬想想文龍那麼忙，又忽然着急起來。快排戲了他還沒有來，臨到上臺時不要鬧笑話才好。

「他純粹是客串，事情又忙，我們不好過分勉強他，後臺提詞兒的時候聲音大點就是。」牧野把劇本在左掌上邊敲邊說。他之所以借用文龍純粹是爲了他那英俊豪邁的氣概和軍人本色，他和劇中人王團長頗有相似之處。另外還要借重他去借服裝道具，他在這個團體裡上上下下都吃得開，又調得動人。張處長指定他負總務責任也是這個道理。

在這個戲裡楊柳沒有擔任什麼角色，但他也忙得很，他負責佈景，管理道具，同時還要替平劇行頭繪龍畫鳳，因爲在富國島根本買不到行頭，就是有的賣也買不起，他們只好買幾疋白布由營區裁縫做好行頭，再買些各色各樣的油漆，由楊柳一件件地畫。這個工程很大，所以楊柳也叫苦不迭。至於舞臺上的幕布則是由舊被面臨時拼湊起來的。燈光則是用臉盆盛椰子油，裡面再加些爛棉絮，點燃之後也光照四壁，宛如白晝。這種燈光是文龍設計的。這天夜晚演出的次序是湘劇、川劇、河南墜子，山西梆子。這些清唱節目佔的時間都不多，純粹是爲了遷就觀衆，使大家都能欣賞，演員也是由他們自己推選出來的。這些節目過後就是「孤島碧血」。演出的效果很好，演員當中以硯芬的胡木蘭，文龍的王團長最爲出色。硯芬經過化粧之後宛如出水芙蓉，態度嫻雅端莊，雍容大方。她的一舉一動都能緊緊地扣住觀衆的心弦。

「嘿！眞想不到世界上會有這麼聰明漂亮的女人！」劉發祥連忙揉揉自己的小眼睛再重新看看臺上的硯芬。他覺得舞臺上的硯芬比平日的硯芬是更聰明漂亮了，他從來沒有看見過這樣漂亮的女人，他眞有點不相信自己的眼睛。

「別他媽的土包子吧！天天見面還沒有看够嗎？」亞牛和劉發祥坐在一條櫈子上，他聽見劉發祥的話馬上歪過頭來藏住他。

「亞牛，我眞不相信世界上還有比她更聰明漂亮的女人。你看！」劉發祥忽然指着臺上的硯芬，碰碰亞牛，她這時正在演一個緊張動人的情節，觀衆隨即報以劈劈拍拍的掌聲。劉發祥也接着嘆了一口氣：「唉！她的表情眞好！」

文龍演王團長也非常自然，看不出他是在演戲。他那種沉着，堅定，臨危不亂，不爲利誘，不爲威屈的精神感動了很多的觀衆。

文龍自己呢？他也不覺得他是在演戲，他覺得這就是生活，是他親身經歷過的生活。敵人送二十根大條子要他率部叛變他不幹；升他一級要他自己投過去他也不幹；最後以五倍的兵力圍攻他他也毫不慌張反而給敵人一個迎頭痛擊。

「沒有誰可以買動我，沒有誰可以嚇倒我，我要幹的事任何人阻止不了，我不幹的事任何方法也不能籠絡……」

這雖然是臺詞，可是他講出來是那麼自然，那麼富有感人的力量。因爲他就是這麼一個人。

「文龍眞是一個了不起的軍人[redacted]」坐在第一排的張處長向參謀長連連稱讚，他對於文龍這個[redacted]的部下是很器重的。

「[redacted]」過後就是平劇「四郎探母」。這[redacted]是由華光劇團演出的，內容也經過改編，從坐宮盜令演到出關見娘爲止。行頭也不是刺綉的，但經過楊柳用油漆精心繪畫，看起來和刺綉並無二致，[redacted]是用臉盆代替鑼鼓，敲打起來聲音就有點[redacted]沛然的胡琴拉得[illegible]，唱四郎的也有板有眼，很有點京朝大角的味兒，博得了不少掌聲。

這個晚會直到兩點鐘才散場，這是他們入越後的第一次狂歡。

「今天的晚會能有這樣的成績，眞出乎我意料之外[redacted]！」散場後硯芬挽着文龍的手臂興奮地說。

「憑我們這種幹勁，還有什麼事兒不能做呢？」文龍輕快地說。[redacted]。

第四章

流行病玉女失色
特效藥商人沾光

他們住的問題剛剛解決，一個新的問題又接着發生了。

大概是由於營養太差吧？營區裡面一時各種疾病都流行起來。患夜盲、痲痺、痢疾的人即佔全人口百分之三十以上。硯芬、田丁、楊柳、沛然、牧野、亞牛、張大、劉發祥這些人統統病了，只有文龍和小鬼李旺、黃老太太沒有病，但身體都很衰弱。

硯芬、亞牛、張大、劉發祥四個人患的是痢疾，田丁患的是夜盲症，楊柳、沛然、牧野三個人患的是痲痺症。

硯芬拉了幾天痢人已經瘦多了。兩頰和眼眶都深陷下去，那密而長的美麗的睫毛也不再閃動了，白皙的皮膚也變成蠟黃了，臉上看不見一點血色，酒渦也不見了。這種病對於她的損害太大了，文龍在山上採來的幾種草藥她吃了也沒有生效。

張大、亞牛吃了文龍的草藥也沒有好，身體是瘦多了。只有劉發祥好得特別快，大家都很奇怪，他同樣吃草藥，爲什麼只有他一個人好起來呢？

原來劉發祥發現自己拉痢的那天，他就偷偷地跑到陽東市去買藥，恰巧陽東市也缺貨，於是他以高價託人到噴吥去買，第二天藥就買來了。表面上他還是照常服草藥，其實等文龍一走他就把草藥倒了，暗地裡偷服特效藥，所以第三天他就好得多，第四天就完全好了，第五天就照常吃飯行動。他還在亞牛張大面前誇耀自己的抵抗力特別強哩！

「怎麼？你們當軍人的種田的還比不上我這個做生意的呢？」劉發祥映映那對老鼠眼睛在亞牛張大面前得意地說。

「你平常日子過得好，底子自然硬些。我們種田的一年到頭難得見幾回油水，再經這麼一拖，不垮也要垮呀！」張大勉強睜着那對枯澀善良的牛眼羡慕地望着劉發祥說。他是一個道地的農人，生活一向很苦，再加上先天性的自卑感，所以他對劉發祥的話不但不反駁，反而認爲是理所當然的了。

「我不相信你的身體比我強？看你那一身軟泡泡的肥肉就够瘸了！」亞牛把嘴巴一撇，眼睛一瞪。他認爲自己的肌肉比劉發祥的要結實得多哩！

「不服氣嗎？那你爲什麼還要躺在床上哪？」劉發祥的老鼠眼睛灼灼的盯着亞牛，自從那天夜晚挨了亞牛的罵之後他那口氣還鱉在心裡沒有出啦。

「你以為老子不會好嗎？」亞牛忽然鼓足全身的力量坐了起來，他太陽穴上那塊大疤都發紅了。

「我眞有點躭心哩！」劉發祥故意映了幾下眼睛陰陽怪氣地說。

「去毬你媽的[illegible]吧！老子的死活用不着你管！」亞牛額上的青筋都暴起來了，他決不相信自己會死在痢疾手裡，他死的機會多着哩，要死他早就死個十次八次了，何況這麼一點病？現在人雖然瘦了，可不見得就會死呀！你劉發祥為什麼不存好心眼呢？

「亞牛，別開口罵人吧！假使你眞去見閻王的話，我倒樂意買口棺材奉送哩！」劉發祥斜着眼睛睥睨亞牛，他的話也彷彿是從冰箱裡衝出來的。

「滾你媽的蛋！」亞牛迅速地抓起床頭邊的漱口缸向劉發祥用力地摔過去：「老子才不稀罕你那幾個臭錢！」

劉發祥的老鼠眼睛倒蠻靈活，他同樣迅速地抱着頭逃出去了。遺落在他後面的是漱口缸的可噹聲和亞牛的咒罵。

「我看劉發祥這傢伙一定吃了什麼藥？不然不會好得這麼快。」楊柳懷疑地望着劉發祥的背影。他和沛然，牧野躺在床上不能動，看見劉發祥好得這麼快心裡簡直有點妒忌。

「人家有錢嘛！自然有辦法啦！」田丁也有點酸溜溜地。他雖然不患痳痺，也不拉痢，可是他患夜盲，他的眼鏡早在柱子上碰得粉碎了。所以這一向他也懶得出去，多半躺在床上納悶，甚至話也不願意講，只是天南地北胡思亂想。如果偶然想出幾行詩，他就像發瘋樣地抓着鉛筆到處找紙。有時拿着楊柳的一張畫稿，或沛然的曲譜就胡亂寫上去，他也實在看不清楚那上面是鉛筆底稿。等他看清楚之後他的大作已經寫上去了。因此常常弄得楊柳和沛然啼笑皆非，只要看見他一抓起筆就如臨大敵似地提心吊膽。有時他找不着紙就會在口袋裡亂翻，他口袋裡什麼都有，就像一個垃圾箱亂七八糟，從來沒有清理過，間或翻出一點廢紙或草紙，他也照樣地寫上去。

「眞他媽的倒楣！以前白報紙都不用，要用道林，現在連草紙也金貴起來了！」田丁忽然把一張廢紙一揉，這樣自言自語地埋怨起來。

「田丁，不要再自找煩惱吧，你的眼睛怎樣了？」牧野昂起頭來關切地問。

「我看只會一天天壞下去，這種生活怎麼會好呢？」田丁本能地用手揉揉自己的眼睛。他知道純粹是營養太差，才會得這種疾病，加之又沒有醫藥，怎麼會好呢？

「我的腿子以前不知道跑過多少路也沒有抽過一次筋，現在竟會時刻發麻，眞是怪事！」牧野一面說一面用手揉揉兩條腿，搓揉一陣之後血脈好像要流通一些。

「牧野，恐怕我們都會變成癱子了！」楊柳望了牧野一眼然後又疲倦地閉起他的單眼皮。他覺得他的脚愈來愈不管事，他揉也懶得揉了。

「你變成癱子，我變成瞎子，那這世界也就沒有什麼光彩了。」田丁頹廢地把那張揉碎的紙頭往地上一丟。他總是把自己看得非常重要，彷彿這個世界沒有詩人、畫家、音樂家、戲劇家就不成其爲世界似的。如果眞的讓共產黨徒，壞蛋，充滿這個世界那還成什麼話呢？樹林裡如果沒有百靈鳥、黃鶯、八哥、畫眉，蟲是貓頭鷹、狐狸，那還有一點生之害怕嗎？」

「這就要看上帝怎樣抉擇了。」沛然忽然插進一句。他自從失掉他的小提琴之後也是頗爲憤激的，現在兩腳行動又不自如，他更奇怪上天爲什麼偏要作弄他們這些人，難道真想把他們淘汰嗎？

「我才不相信什麼鬼上帝，我只相信自己。」亞牛用手在胸脯上一拍，他很不同意沛然的說法。

「現在你自己又有什麼辦法呢？」沛然回過頭來望着亞牛說。

「我相信我不會死！」亞牛這句話說得非常有力，他的大眼睛裡同時放射着一種非常自信的光芒，完全不像三天沒有吃飯的病人。「只要你們也有自信，你們就不會死，不會瞎！」

「亞牛，你的話雖然不一定可靠，但我佩服你的精神。」牧野向亞牛點頭微笑。

「我就是這麼活過來嘛！」亞牛抬頭一昂，很自信地回答。

亞牛唸的書雖然沒有田丁楊柳他們唸的多，書本上的智識相差很遠。可是生活經驗戰爭經驗尤其是和死神搏鬪的經驗那就不是田丁他們幾位所能企及的了。他的信心純粹是產生於經驗的，並沒有什麼科學根據，奇怪的是他每次都從死神手裡逃脫了。去年在兵慌馬亂中，他從桂林一直逃到越南來，這不是一個鐵的事實嗎？

「亞牛，也許你是對的，我們這些人總是想得太多，做得太少。」楊柳一面說一面就捲起兩條麻木的腿來。

當痢疾，夜盲症，痲痺症開始在營區流行起來時，管訓處就向越南，泰國各地華僑發函呼籲捐助藥品。

華僑的反應很好很快，十天以內就有藥品陸續送來，而且有很多都是特效藥。華僑的熱情簡直使他們感動得流下淚來。經過這次捐助之後，他們才知道在富國島以外還有很多人在關心他們，愛護他們。

硯芬、亞牛、張大他們服了特效藥之後又接連打了兩針，很快地就全癒了。田丁、楊柳、沛然、牧野他們因為醫治及時也都慢慢地好起來了。

但是這次流行的疾病整個營區裡還是死了兩百多人，舊飛機場那邊突然增加了許多饅頭似的新墳，事先他們沒有一個想到自己的骨骸會埋在富國島的，他們的父母妻子兒女也許還以為他們還活着呢？

第五章　勞動開荒搞生產
汗流浹背滿臉泥

這次流行疾病過後，大家除了更加注意衞生之外，決定改良副食，增進營養，這是一件最迫切不過的事。像夜盲、痳痺症完全是營養太差惹起的疾病，如果再這樣苦拖下去還可能惹起其他更嚴重的疾病來。因此大家決定勞動生產，開荒種菜、種山芋、紅薯、花生，同時養鷄養鴨養猪。管訓處為了提倡生產運動，還特設了一個試驗農場，由處裡高級官長親自動手，一時蔚成風氣，不分官兵，不分男女老幼，都在開荒墾地，搭猪棚鷄塒，彷彿農忙季節似的。

文龍、硯芬、田丁、楊柳、沛然、牧野、亞牛、張大都參加工作。張大更是高興得了不得，工作比任何人都賣力，動作也格外熟練。當他握着鋤頭時彷彿握着親人的手似的老是捨不得放下來，每次挖起一塊泥土他必定仔細敲碎，還不時抓起一塊泥土在手上揑揑，以鑑賞家的眼光鑑別土壤的肥瘠，他知道什麼土壤應該種什麼東西？這比農學院出來的學士們還要正確可靠得多哩。

「張大，你種地的願望現在總算達到了吧？」文龍扶着鋤頭問他，他知道張大非常喜愛土地，以前在蒙陽時一談起他的田地他就像小孩子失掉了心愛的東西似的悲傷地哭泣。

「嗯」。他向文龍咧開嘴巴天眞地笑笑。「種地的總不能離開土地，我揑犂尾巴揑慣了，一空下來眞會生病的。」

張大病後的身體還沒有復原，這裡所說的復原是指初到富國島那個階段說的，和他在家時那就相差很遠了。他在家時皮膚黧黑而有血色，肌肉也比現在豐滿結實得多。現在的體重比從前起碼要輕十公斤，臉色也黃得難看。他一向沒有離開過家，沒有離開過土地，去年在兵慌馬亂中被這洶湧的人流一捲就捲到了越南，初和大家在一起總是格格不入，而且老是哭泣。現在人也熟了，生活也習慣了，他的心情自然愉快得多了。

「張大，你看這塊地開出來種什麼好？」硯芬蹲在地上檢草根，忽然抬起頭來問。他對種地完全是外行的。

「小姐，依我張大看，這地最好是種花生、紅薯、洋芋、青菜自然也可以。」張大對硯芬欠欠身子，他總愛叫她小姐，他以爲她一定是出身富貴人家的，不然怎麼能唸那麼一肚皮書呢？而且又和文龍他們一樣能幹，一樣能吃苦，這不很難得嗎？至於說這地應該種什麼他是挖了第一鋤頭就知道的。這一帶的土質不怎麼堅硬，裡面含了不少沙，根據他的經驗是以種花生、紅薯、洋芋最適宜了。

「張大，現在你算是搞老本行了，我們倒要向你請教哩！」田丁雙手捧着一大塊泥土盤來盤去，他對種植的事更是一竅不通，他只能欣賞田園的美麗，他不知道花生、蕃薯、洋芋是怎樣下土？怎樣生長起來？多少時間可以收穫？青菜總是常吃常見的吧？他也不知道下種以後還要移植哩！現在種起地來他才知道這世界除了他是頂頂重要的人物之外還有張大啦。

「好說，我張大除了只會種地之外什麼都不懂，還要請你們多多指教。」張大鞠躬如儀地笑着說。他在劉發祥面前有一種自卑感，在文龍、田丁他們面前更非常謙虛，因爲他們都對他好，又什麼都比他懂得多。至於種地嘛，在他看來根本不算是什麼學問，他是一生下來就種地的，這有什麼了不起哩？現在田丁居然向他請教，這眞有點使他受寵若驚啦。

「張大，你別客氣，我們眞要向你請教啦。」硯芬、楊柳都這樣說。

「嘿嘿！」張大又咧開嘴巴笑。「種地沒有什麼巧，就是要勤快，多用點力氣。」

他們這些人除了文龍和亞牛懂得一點農事又有力氣之外，其他的像田丁、楊柳、沛然、牧野都是「乾脚子」。硯芬更不用提，皮膚又特別嫩，眞是生下來就不是做粗事的。亞牛如果不是斷了一條腿那倒是一把好手，做起事來和張大是不相上下的。現在就因爲他少了一條腿，不能用力，吃重的工作自然不能讓他做，何況又是病後，所以剩下來可以做粗重工作的只有文龍了。

「張大，你說起來倒容易，做起來可不簡單哪！」田丁扶着鋤頭一面說一面不住地用手擦汗。他覺得他的力氣是最差的了，什麼時候才能像張大那麼有力呢？也許這一輩子都不可能吧？

「田丁，我看你和硯芬亞牛他們就檢檢草根、石頭、敲敲泥巴好了。挖地讓我和張大兩人負責。」文龍挖起一大塊泥土之後忽然停下來對田丁他們說。

「文龍兄，這樣就只好請你們二位偏勞了。」田丁向文龍拱拱手，感激地笑笑。他覺得自己多用一點力眼睛就有點發花，心臟也跳得很兇，粗重一點的工作他實在負擔不了。

就這樣他們各人都埋頭幹自己的工作。沛然一面檢草根一面哼哼唱唱，牧野、田丁、硯芬他們不時交談幾句。亞牛坐在地上用他的扶手敲碎一塊一塊的泥土，一直沒講話，忽然他想起劉發祥來，他看看大家都在大太陽底下工作，劉發祥怎麼不來呢？這傢伙一定是偷懶。

「奇怪！劉發祥怎麼不來呢？」亞牛忍不住把心裡的話衝出口來。

經他這一提大家才發現劉發祥確實不在，田丁也忍不住說：

「這傢伙眞豈有此理，有好事兒總少不了他，吃苦的事兒他就開溜。」

「他不是說他的身體比我和張大的好嗎？他怎麼可以偷懶呢？」亞牛想起劉發祥的身體一天天胖起來心裡很奇怪，這不是偷懶就是有別的花樣。

「對，近來他的身體胖多了，不知道這傢伙怎麼搞的？」楊柳也奇怪起來。

「做生意的人就是這個樣兒的，蝕本的事兒他決不會幹。」牧野慢聲慢氣地說。

「這怎麼行呢？他不幹我們就該死嗎？」亞牛用力敲碎一塊泥土，他越想越氣。

「亞牛，我們吃點虧算了吧，何必和他計斤較兩的？」張大已經挖了蠻大一塊地，現在又高高地舉起鋤頭，一面挖還一面勸亞牛。他能吃虧，他想自己多用點氣力又有什麼關係呢？

「張大，話不是這麼說，隨便做什麼事總要公平。」亞牛又用力敲碎一大塊泥土。他從來不佔別人的便宜，他過慣了團體生活，他覺得一個團體要想搞好就要公平合理，不能有特殊階級。「如果他不肯種地，將來他就別想吃。」

「亞牛，也許他根本就不想吃我們的東西呢？」田丁檢出一塊小石頭往遠處一拋，他想起劉發祥那次旣然能搞到香烟，現在自然也搞得到別的東西了。何況他有錢，誰也不知道他有多少？最近他一天天胖起來決不是吃這種團體伙食發胖的。也許他對花生、蕃薯、青菜根本不發生興趣哩！

「他有錢那他到外面去住好了，何必同我們住在一塊呢？」亞牛馬上接着說。

「亞牛，話不是這麼說，劉發祥是生意人，不免有點自私自利，但我們不能和他一樣，我們要顧全大體，不要讓法國人笑話。」文龍又挖起一大塊泥土，然後心平氣和地說。他也早看透了劉發祥，要是以他過去帶兵的作風他是絕對不容許這種現象存在的。可是現在情形不同，難民很多，劉發祥旣跟着他們的部隊跑出來總不能再把他趕出去呀！如果他離開營區就是有錢也不容易在外面立脚的。因為法國人看重的是整個團體，而不是個人，如果不是他們表現得團結，堅強，不可欺侮的話，那法國人的態度也不會逐漸轉變，這幾個月來法國人已不敢再把他們看成俘虜了。所以他們在島上還有活動的自由，不然劉發祥又怎能過河到陽東市呢？

「對，亞牛，我們應該大量一點，別和他計較吧。」覷芬站起來抖抖身上的泥土笑着說。

亞牛對文龍覷芬的話是很尊重的，因此他也就不再作聲了。

誰知他們的話剛結束，劉發祥就一幌一幌的幌過來了。他那日漸肥胖的身體走起路來活像一隻大番鴨似的，又醜又笨。亞牛本來不想再談他，現在一看見劉發祥這個樣子心裡又老大的不舒服。

「劉發祥，你看你這個豬相！」亞牛用這句話來歡迎他。

「亞牛，你怎麼老是開口罵人？」劉發祥雖然心裡不高興亞牛，可是他懂得和氣生財的道理，他說這話時語氣仍是很緩和的。

「罵人，你想想看你該不該罵？我們忙了半天，累出一身臭汗，你却一個人安逸，我問你，是誰叫你到富國島來享福的？」亞牛眼瞪瞪地反問他。

「[redacted]享福？你以爲我在享福嗎？」劉發祥閃動着他的小眼睛向亞牛嬉笑着。

「難道你馱了泰山不成？」亞牛睜大眼睛望着劉發祥，他始終不相信劉發祥肯出一點力氣的。

「泰山雖然沒有馱，我的兩腿可也一直沒有停呀！」劉發祥張着小嘴巴望着亞牛，他彷彿受了委屈似的，他眞奇怪亞牛爲什麼不瞭解他。

「劉發祥，這半天你到那兒貴幹來呀？」田丁一面扔出一塊石頭，一面笑着問他。

「沒幹什麼，不過是打聽一點行情。」劉發祥說着隨即在一塊光滑的石頭上坐了下來。看樣子他眞有點累了。

「行情，行情，你一天到晚就只知道他媽的行情！」亞牛車過頭來瞪了劉發祥一眼，隨即舉起扶手往一塊泥土上敲下去。

「做生意的人不知道行情那不是瞎子走夜路？我才不栽那個狗吃屎的筋斗。」劉發祥說着隨口呸的一聲吐了一泡痰。

「劉發祥你眞聰明！」亞牛歪着頭迅速地瞥了他一眼，隨即對張大說：「張大，你過來休息一下，把鋤頭交給劉發祥。」

張大聽見亞牛的話馬上向他咧開嘴巴忠厚地一笑，並沒有把鋤頭放下來，還是一股勁兒地挖下去。

劉發祥聽了亞牛的話却全身不自在，他望望亞牛又望望大家，看看張大並沒有把鋤頭交過來，大家也沒有作聲，他覷着一個空兒就悄悄地站起來想走。亞牛的眼快，馬上截住他：

「怎麼？你龜兒子想開小差！」

「嘿嘿．亞牛，我不過是解個小手。」劉發祥望着亞牛無可奈何地苦笑。

田丁他們看見劉發祥那個尷尬樣子也不禁好笑起來。

正在這時李旺提了一桶涼開水來，於是大家暫時停下工作圍攏來喝開水。劉發祥就在大家不注意的時候悄悄地溜走了。

張大和文龍流的汗最多，因此一連喝了兩三碗，硯芬田丁他們也喝了不少。在大太陽底下工作是需要水份來補充的。

「好在富國島的氣候不太熱，不然我眞吃不消。」田丁一面擦汗一面笑着說。

富國島的氣候很好，可以說四季如春，只有在陰曆五六七這幾個月稍微有點涼意，因為這正是雨季，其餘的月份氣温都沒有什麼變化，不太高也不太低，總在八十五度左右。終年只要一件襯衣一條短褲就行了。

「不但你吃不消，硯芬也吃不消。」文龍喝過水之後汗更像雨樣地流出來，他索性把那件破汗衫脫掉，馬上露出一身結實的肌肉來，他自己雖然很累，但還非常同情地望了硯芬一眼。

「文龍，我覺得在富國島比蒙陽好多了。」硯芬馬上接過他的破汗衫，同時向他甜蜜地一笑，右頰上那個圓圓的酒渦又現出來了。

「硯芬，妳臉上怎麼那麼多泥？」文龍忽然看見硯芬的臉上有好些泥土，像痲點似的，這都是她扯草根時濺上來的，因爲臉上有汗，所以就粘住了。

「眞的嗎？」硯芬向他十分嫵媚地笑着。

「我還會騙妳？」文龍深情地望着她。「不信妳問田丁他們好了。」

田丁他們不作聲，只是望着她笑。他們是詩人、畫家，他們正在靜靜會欣賞哩。

硯芬不管臉上有沒有，隨卽用袖子在臉上一抹，果然有汗水混合着的泥漿，她也不免好笑起來。

「田丁，你們眞是壞東西，你們看見了爲什麼不講？」過後硯芬又笑着罵他們，同時又用手在臉上連揩幾下。

「那才漂亮哩！妳怎麼把它揩掉呀？」田丁、楊柳他們都笑着說。

「不揩掉還留着嗎？」硯芬嬌嗔地瞪了他們一眼。

「如果法國人不供給我們的主副食，那眞得啃泥土啦！」田丁笑着說。他們雖然很不滿意目前的主副食，但是如果法國人一旦停止供給，這問題何等嚴重呢！

「所以我們要自已生產，以防萬一呀！」文龍大聲地說着笑着。

第六章　衣服破爛難蔽體　華僑捐贈可遮羞

他們開了很大一片荒地，種了花生、紅薯、洋芋和靑菜。同時還買了三隻小猪，二十幾隻小鷄，二十幾隻小鴨，這些錢都是在管訓處的福利基金項下借的。

現在他們這個小團體很像一個家庭了。黃老太太也有工作了，她成天忙着餵鷄餵鴨餵猪。文龍硯芬他們則忙着上山找野蔴葉作猪的飼料，不然就忙着施肥澆水，他們的生活很有規律，忙得也頂有勁兒。

劉發祥呢？他自然也很忙，但他不餵猪，不餵鷄鴨，不施肥不澆水，他怕糞的臭味，又不肯挑水抬水，他說他出娘肚皮就沒有做過這些事兒。那麼他忙些什麼呢？他忙着在陽東市買東西到營區來賣，他已經和陽東市的商人混得很熟了。華僑知道他是義民，賣給他的東西價錢也格外公道，有些是照本批發的，所以他很能賺幾個錢。何況既不要房租，也毋須繳營業稅，怎麼不賺錢呢？

劉發祥究竟賣些什麼呢？這可不一定，大家需要什麼他就買什麼，像毛巾、牙刷、針線、香烟、零碎的布頭，做好了的衣服、糖菓零食等等，都在他販賣之列。他沒有櫃臺，也不挑貨郎擔，大件的衣服、零布、毛巾之類都搭在兩邊肩上，這樣既可以省掉額外的負擔，又廣招徠，眞是一擧兩得，至於牙刷、香烟、糖果等小件東西他都用一個大木盒子托在手上，反正件數不多，牙刷放十隻二十隻，糖菓放三五包，香烟放三兩條就够了。能够完全賣掉也就很不錯啦！因爲營區裡的軍人難民的購買力都很薄弱，香烟不是成包賣而是論枝賣的。起初他們剛到的時候法國三星牌的香烟一塊大頭只能買一包半，那時越幣與大頭的比例大概是二十對一，後來大頭的身價高了，香烟也跌價了，三星牌每包只賣三塊五角越幣了，一枝香烟只合一角七分多越幣，劉發祥零賣兩角一枝，每枝可賺兩分多錢，每包就可以賺五角越幣了。劉發祥每天就拿這些東西在營區裡面到處兜售，他變成營區裡面的流動商人了，變成男男女女大人小孩都熟悉的人物了。

「香烟、毛巾、牙刷、芝蔴糖、花生糖……哦——」劉發祥常常一面行走一面不時這樣又唱又叫地喊着。

孩子們聽見他的聲音就會一窩蜂地圍攏過去，要這要那，即使沒有錢買也會望着劉發祥的糖菓映映眼睛，舐舐嘴唇過過癮。

女人們也和孩子們差不多，一看見劉發祥也會伸着頸子望望他，或是走過來看個究竟，手邊有錢就買點針線牙刷之類的東西，沒有錢也會看看劉發祥的臉色，講幾句奉承話打算賒點什麼。

男人們對糖菓針線之類的東西倒沒有多大的興趣，他們最喜愛的是香烟，有的毫不吝嗇地買那麼一包兩包，有的買那麼一枝兩枝，那怕一個子兒沒有也會死皮賴臉地硬賒。

劉發祥對於顧客們向例是不得罪的，只要他認爲有把握要到錢，他總會使男女老幼皆大歡喜的。

「劉先生眞是好人！」女人賒到一點針線之後，常常這樣感激地讚美他。

「劉伯伯眞好！」孩子們吃到他送的一點糖菓屑子之後也會舐舐嘴唇向他笑着跳着。

劉發祥的口袋就在這種情形之下一天天飽滿起來了。

現在大家的生活總算安定了，比起蒙陽時代那眞好多了。但是一個新的煩惱又困擾着他們，那就是衣服已經破爛得不能蔽體了。原來大家進入越南時都只帶了一點隨身衣服，部隊的軍服是一直沒有換發過，難民自然也得不到補充。加之越南的氣候很暖，一年四季都穿單衣，隨身換洗的衣服經過一年來的穿着和做粗重工作的磨擦，因此破爛得更快了。

硯芬的旗袍已經沒有一件好的，不是下擺掛破了就是背心手肘處洗破了。她沒有辦法，只好把旗袍改成短掛，長袖改成短袖，東補西綴，勉強湊合着穿。還有些女人的奶子都露在外面，男人們碰見了也只好轉過頭去。

文龍田丁他們的衣服就更不用說了，尤其是文龍，他一向做的事比別人多，現在東拼西湊也只剩一件上衣，兩條短褲，成天打赤膊，那唯一的一件「禮服」要留着見處長或出去接洽什麼事情時才偶爾穿穿。

「我看再這樣下去我們只好穿檳榔葉了。」田丁摸摸自己那條補了又補的短褲無可奈何的苦笑。

「穿檳榔葉跳土風舞倒也蠻有意思哩！」楊柳湊趣地說。

「要是眞到了那種地步，怎麼能見人呢？」硯芬的長睫毛一閃，臉一紅，她現在穿一件短褂一條短褲已經覺得很難爲情了。

「這有什麼稀奇？我們的祖先不都是那樣嗎？」楊柳坦然地笑着，同時把一枝鉛筆在手上得意地搖搖，他正在起一幅畫稿，他很歡喜野獸派的畫，又愛畫裸體像，過去他常常雇用模特兒，他想假如眞的到了那種地步，那他的畫材就俯拾卽是了。因此他向硯芬詭譎地一笑：「假如眞的到了那一天，那大家都是我的模特兒了。」

「眞的到了那一天我相信也不會有人讓你畫。」硯芬自覺地摸摸自己的衣服。她想赤條條地讓人畫那成什麼體統呢？

「硯芬，妳放心吧！我不把妳當作模特兒就是了。」楊柳向她狡黠地笑着。

「去你的！」硯芬馬上白他一眼，接着又淸脆地說：「畫家比詩人更討厭。」

「[redacted]田丁、硯芬連你也罵了。」楊柳馬上站起來向田丁[redacted]挑撥地說。

「硯芬，妳可是眞的罵我？」田丁馬上歪起大腦袋望着硯芬不着慎地搖了幾搖。

「田丁，你別信他的。」硯芬急着向田丁連忙搖手，隨後又趁機向楊柳反擊：「田丁，現在我問你，你可願意讓楊柳畫？」

「[redacted]我這一身排骨有什麼好畫的？」田丁摸摸自己瘦削的胸脯，那些肋骨一根一根地暴露着，他摸着摸着自己也不免好笑。他想這一身骨頭怎麼有資格入畫呢？[redacted]沒有一點肌肉美的呀！

「當然你不够格，要說够格嘛，我們這幾個人也只有硯芬和文龍[redacted]。」楊柳說着就瞟了硯芬和文龍一眼。

硯芬的身材很美，大約五尺五六寸高，胸脯飽滿得很，乳房挺聳而有彈性，胸圍大約三十六寸。臀圍大約在三十四五寸之間。楊柳很細，腰圍頂多不過二十三寸。皮膚細膩白淨，是一個標準的美人。

文龍呢？他有六尺高的身材，肩很寬濶，胸膛和臂膀的肌肉突起來像丘陵似的，腰和臀却很細小，但非常堅實有力。他全身都洋溢着一種男性的健康美，這一半是天生的，一半是平時鍛鍊的成績。

「楊柳，你別夢想，我和硯芬可不會讓你當作模特兒啦。」文龍雙手交叉在胸前，像一座鐵塔似的矗立着。

「唉，你們都不够開通。我假使有你們這付好身材，又有一面大穿衣鏡，我就脫掉衣服，照着鏡子畫一幅給你們看看，這有什麼難爲情呢？」楊柳望着文龍和硯芬惋惜地說。他認爲眞就是美，只要心中不存邪念，有什麼見不得人的，小孩子祼體照[illegible]不是很天眞好玩嗎？

「楊柳，這不是開通不開通的問題，我們這麼多人大家都赤條條的總不像話呀，你要模特兒也要不了那麼多啦！」文龍想到營區裡這麼多人都是破破爛爛，小孩子已經一絲不掛，男人都像他一樣打赤膊，女人是最尷尬不過了，有的躲在房子裡不敢出來，有的即使偶爾出來一下也都低頭急走，前幾天他在路上遇見一位少女，她一看見他就受驚地往地上一蹲，久久不敢起來，直到他走遠了才一溜烟地跑回房子裡去，這種情形已經很普遍了。

「我看這個問題，我們沒有辦法解决，現在只有兩個希望：一是華僑的捐助，一是臺灣的救濟。」牧野拉長着臉說。

「上次華僑捐助了我們不少藥，總算沒有忘記我們，可是臺灣對我們却毫無表示，還眞不知道是什麼道理？」田丁深深地皺着眉，心裡對臺灣好像不大愉快似的。

大家也都沉默不語。

是的，他們到越南快一年了，生活方面法方雖然繼續供應，但是一想到自己的前途，就有說不出的徬徨與焦灼。臺灣方面雖然常有函電慰問，但始終沒有得到絲毫實惠。究竟將他們這些人如何處理呢？他們始終看不出任何眞實的意向。是讓他們自生自滅嗎？還是計劃把他們接回臺灣呢？沒有誰告訴過他們這個答案。因此他們一天天地期待着，同時也一天天地懷疑着。

但是，一切疑慮終於消失了。他們的服裝問題也先在解決了。

先是華僑捐贈了幾千套衣服，還派了幾位代表親自送到富國島來，那幾位代表對於他們這批忠貞的軍民當面表達了千萬華僑[illegible]的關懷[illegible]意。而最別緻的是每套衣服裡面都附有這樣一封鉛印的慰問信：

富國島國軍將士義民均鑒：

你們的[illegible]熱情和奮鬥精神深深地感動了我們。由於你們的不投降，不屈服，使中華國魂播揚海外，我們僑居異域也覺得有無上光榮。

現在我們[illegible]忱獻上我們自己穿的衣服，以表示一點敬意。希望你們百折不撓，再接再勵，從頭收拾我大好河山，那我們的精神也就有所寄託了。

最後敬祝

諸位健康

越南泰國各地華僑敬上

他們接受了這批衣服眞是打從脚底暖到內心，讀了這封信很多人已經熱淚盈盈了。

繼華僑捐助衣服之後，又有政府駐越南總領事和國防部次長相繼來島視察慰問，這不僅給他們精神上很大的安慰與鼓勵，在物質上的幫助也實在不小。臺灣方面這次送來的物品有軍服兩萬多套，運動衣褲四萬多套，藥品一百多箱，康樂器材十五套，書報雜誌五千多份。另外每一位每月發三十塊越幣津貼，難民每人每月發二十塊，眷屬也發一次補助金三十元。這一來不但解決了衣服問題，也解決了藥品及日常生活需用問題。過去把臉盆當鑼鼓的華光劇團現在是胡琴、鑼鼓、笛子、簫、樣樣俱備了。

「唉！臺灣到底沒有忘記我們！」田丁面對着臺灣送來的那許多堆積如山的衣服和書報眞的興奮得流淚

第七章　換新衣大家高興　尋花草獨自貪歡

現在硯芬有一套軍服，一件裙子衣服，兩套運動衣褲了。文龍也有一套軍服，兩套運動衣褲和一件襯衫。田丁、楊柳、沛然、牧野、亞牛、李旺這幾個人也分到了文龍同樣多的衣服。張大和劉發祥因爲是老百姓身份，不能穿軍服，每人只發了兩套運動衣褲和兩件襯衫。黃老太太也得了兩件旗袍和兩套內衣褲。

現在營區裡到處洋溢着歡笑聲，大家穿得整整齊齊，購買力也普遍的提高了。文龍田丁他們每人買了一包三星烟、一條毛巾、一把牙刷、一瓶牙膏——他們好幾個月沒有用牙膏了。硯芬不抽烟，她買了一條手絹、毛巾牙膏也添購了一份。田丁什麼都沒有買，他託人在西貢配了一付眼鏡。張大沒有漱口的習慣，牙刷牙膏都沒有買，只買了一條毛巾，多餘的錢他小心地保存着。劉發祥的衣服和日用品自從來富國島後就沒有發生過問題，他有錢，隨時需要隨時買，但上面發的衣服和津貼他還是一禮全收，現在他的生意更好了，成天笑口常開，因爲他每天可以賺把塊越幣，他的錢是越積越多了。

硯芬穿起那件裙子衣服顯得更年青漂亮了。這是一件印着牡丹花的綢質裙子，硯芬穿起來顯非常合身，全營區一千多婦女眞的沒有一個有她這樣漂亮時髦了。

文龍穿起那套新草綠色的軍服又恢復往日的英俊了。如果不是前幾個月頒佈了禁止結婚的命令，田丁他們眞想慫恿他和硯芬結婚的。至於爲什麼禁止結婚？據上面的解釋一是非常時期，環境特殊；二是恐怕有先生在臺灣大陸或太太在臺灣大陸，結婚之後引起糾紛。所以乾脆禁止。另外還有一個顧慮，就是女人比例太少，一千多婦女有一半是眷屬，而光桿男人則超過一二十倍，機會不能均等，向隅者太多，爲了多一事不如少一事，因此只好維持現狀了。

但是男女之間的事不是任何法令隔得開的，他們會偷偷地接近，這並不需要公開的儀式，愈秘密愈好，在蒙陽那麼困苦的時候，男女曖昧的事都時有發生，現在的生活比蒙陽時代改善了許多，這類的事兒更可以想見了。別人不談，就談劉發祥吧，他和妓女李莉莉是早就有一手的。初到富國島時只要一支牙刷或一瓶牙膏的代價就可以溫存一夜，但莉莉的客人還是不太多，現在大家都有零用錢，莉莉就有點應接不暇了，夜渡資已經提高到一條毛巾，如果有別人和他競爭的話他還可以多出一點，一條毛巾之外再加一把牙刷，無論是要現款要貨物他都可以先付，很少有人能和他競爭的，一星期他總要到那兒去住一兩夜。在這熱帶的富國島人是那麼容易衝動，劉發祥一星期去一兩次是未可厚非的，如果不是他太猶太的話那是每夜都想去哩。

田丁、楊柳、沛然、牧野他們這幾天也有點煩燥不安了。他們羨慕文龍在精神上有所寄託，也羨慕劉發祥在肉體上能够發洩，只有他們是十足的和尚，既沒有愛人，也不能到李莉莉那兒去，而富國島的花朵是天天在開，鳥兒天天在交配，風吹在身上又是那麼溫柔，島上的一切都充滿春天的誘惑，穿起新衣服的女人又那麼標緻可愛，他們怎麼不煩燥呢？因此，不論白天怎樣忙，夜晚還是要失眠的。

一天夜晚，楊柳在床上翻來覆去睡不着，任何催眠的方法他都使用過，起初是看枯燥無味的理論書籍，看來看去還是睡不着，他氣得把書都撕了，後來他又數一二三四五六七八九十，數了兩三百遍還是徒然，他氣得扯住自己的頭髮連打自己幾個耳光，可是越來越不想睡，最後他只好穿着襯衣偷偷地爬起來，偷偷地溜到李莉莉那兒去了。這時已經兩點多鐘，當他快走到李莉莉的門口時他看見一個男人剛從裡面出來，很快地溜走了。他沒有看清那人的臉，不知道他是誰？只望着他匆匆地離去，看樣子一定是個生手。等那人走遠了他馬上迅速地跨進李莉莉的房間。門是虛掩着的，李莉莉正慵懶地鼻在床上抽煙，一圈圈的煙霧從他嘴裡慢慢地噴出來，顯得更其慵懶。雖然楊柳是個生客，但她生平接觸的生張熟魏太多了，像楊柳這種人是毫不足奇的。

「怎樣？你也想來尋開心嗎？」她半睜半閉着那双慵倦的眼睛，向楊柳噴出一圈圈煙霧。

「想不到妳倒有這種閑情逸緻呢？」楊柳看她那副懶散的模樣，正是他想畫的神女的形像，因此他也不免低頭細看了她一眼。

「哼哼，還會像你那樣急昏了頭嗎？」她斜視了楊柳一眼，又從鼻孔裡輕輕地哼出了這句話。

楊柳像被她看出破綻似的馬上臉一紅，他想這女人的眼光倒蠻尖銳哩！

「這有什麼稀罕？貓不吃魚那才怪哩！」楊柳也用眼角掃視了她一下。

「我看你有三年沒有聞過魚腥了，是嗎？」她偏着頭又斜視他一眼。

「這也奇怪嗎？」楊柳睜着兩眼盯住她。

「怎麼不奇怪呢？到我這兒來的都是這種角色。」她略微翻翻她那有兩道黑圈的眼睛。

「剛才出去的也是嗎？」楊柳好奇地問。

「[illegible]來的時候全身汗毛都要豎起來，現在又夾着尾巴溜了！」她把眼睛向上一翻，嘴巴往下一撇。

楊柳看她那付樣子臉上有點發燒，過後又忽然擺出男性的尊嚴，不耐煩地說：

「別講這些廢話吧，乾脆講個價錢好了。」

她睜開兩隻眼睛向楊柳全身上下打量一下，然後又慢慢地噴出一口煙：

「你到我這兒以前沒有打聽嗎？」

「別再廢話了，乾脆一點吧！」楊柳把頭微微一昂，看得出他到這兒來不是調情的。

「喲，喲！你先生眞急！」她隨手把煙屁股一丟，然後又偷看了一下楊柳的臉色，再嗲聲嗲氣地說：「那麼我也乾脆好了！兩條毛巾的代價總不算高吧？」

楊柳也知道她有點敲竹槓，但既然來了還能回去嗎？況且這種事兒又不是論斤較兩的，所以他就爽快地答應了她。

就這樣他買得了一次肉體的安慰。

第二天清早，田丁問他昨夜到那兒去了？起初他還支支吾吾，最後也只好坦白承認了。

「有什麼辦法呢？我實在睡不着覺呀！」楊柳微微睜開他那雙疲倦的單眼皮說。

「楊柳，你昨夜化了多少寃枉錢呀？」田丁走過去開玩笑地問他。

「五塊越幣」。楊柳把右手五個指頭一伸。

「是通宵嗎？」田丁俏皮地擠擠眼睛。

「不！一個Time!」楊柳伸出一個指頭。

「楊柳，那你作了壽頭了！」牧野笑着說。他知道劉發祥一個通宵也不過化這個價錢。

「唉！管他的，還不是那麼一回事？」楊柳伸了一個懶腰，彷彿銷了差似的。然後又隨口問一句：「你倒不想去嗎？」

「我是一個子兒都沒有。」田丁双手拍拍空空的口袋，他的錢完全配了眼鏡，就是想去也不可能呀！

「那麼你們兩位呢？」楊柳又轉問沛然和牧野。

「錢倒事小，弄出一身病來那怎麼辦呢？」沛然天眞地笑着，他害怕淋病梅毒。

「要去就管不了那麼多，否則就乾脆別去。」楊柳把手一摔。他是逼上梁山的，既然去了他也就不問後果了。

「所以我還要考慮考慮。」牧野的馬臉顯得有點嚴肅，他做任何事都比較愼重。

「假使你有辦法睡得着覺，自然還是不去的好。」楊柳向牧野[illegible]地說。

「怎麼？倒胃口了嗎？」田丁向楊柳做了個鬼臉。

「唉！沒有什麼意思。」楊柳向田丁搖搖頭，他是靈肉一致論者，他不像劉發祥的肉慾主義，他很尊重情感，像昨夜那樣冒失眞是平生第一遭，現在他反而有點懊悔，彷彿自己的情感受了一次折磨和侮辱，好像受蹂躪的不是李莉莉，而是他自己，如果他願意將就的話，在營區這一千多婦女中找個把對象談談戀愛不是不可能，可是他和沛然、田丁、牧野這幾個人的眼界都相當高，都不願意隨便糟踏自己的情感，又不忍爲了滿足自己的肉慾而去玩弄一個清白善良的女性，營區裡唯一能合乎他們的標準的女性只有硯芬，但硯芬又是名花有主，而且他們和文龍硯芬又都是好朋友，自然不能作非份之想的。

「所以我們的事兒就難辦了。」田丁用右拳打了一下左掌，在房子裡轉了一圈。

「那麼文龍和硯芬呢？」楊柳忽然問田丁一句。他這一清早不見他們兩人的踪影好像有點掛念似的。

「散步去了。」田丁輕[illegible]地回答。

「他們倒好，必要時可以來一次情感的散步。」楊柳不勝羨慕地說。

「情感的散步？[illegible]這倒是一個新名詞。」田丁、沛然、牧野都覺得這句話怪有意思。

「有趣嗎？」楊柳向他們眨眨眼睛。「像文龍和硯芬就不必像我們這樣蹩死了，必要時他們可以Kiss、一次，這不很有詩意嗎？」

大家聽了都咂咂嘴。是的，文龍和硯芬這幾天來也顯得格外高興，他們常常出去散步，有說有笑，他們的臉上有一種發自內心的喜悅的光彩，硯芬是顯得更加動人了。假使不是命令的限制，他們一定會結婚的。

「唉！可惜他們不能結婚。」過後田丁又惋惜地說。

「現在每月都要生四五十個孩子，如果他們再結婚那更有人滿之患了。」牧野笑着說。

營區內每月最少要增加四五十個小生命，這裡面又最少有百分之七八十的私生子，上面雖然也知道這種情形，但又有什麼辦法呢？何況法方對於嬰兒每月還有三筒奶粉的配給？所以處長對於這種事兒也只好裝聾作啞了。

「那我們就索性把這個小島佔領好啦！」田丁又開玩笑了，他配到眼鏡之後心裡也高興得多了。

田丁的話剛說完文龍硯芬就双双的回來了，田丁一看見他們就俏皮地問：

「[illegible]外面空氣好嗎？」

大家聽了相視而笑，文龍故意笑而不答，硯芬卻把柳眉一揚，睫毛一閃，馬上頂撞上去：

「那又怎樣？羨慕嗎？」說後她也不由自主地笑了。

「當然羨慕啦！請別再向我們示威好吧？」田丁、楊柳、沛然、牧野都異口同聲地說。

「好，好，好！」文龍把手一揮，一疊連聲地說了幾個好字，然後又搶着說[illegible]：「[illegible]，我告訴你們一件事——」

「什麼事？」大家都圍攏起來關心地問。

「剛才我們發現了一個棄嬰。」文龍輕輕地說。

「多大了？」大家都表示[illegible]關切和驚異。

「好像是昨夜生的？」

「死的還是活的？」

「活的，」

「現在在那兒？」

「我和硯芬送給黃老太太養去了。」

「嘩！恭喜你做爸爸啦！」田丁覺得很有趣似的，一面說一面手舞足蹈地笑起來，然後又轉向硯芬輕輕地說：「硯芬，我也恭喜妳做媽媽啦。」

「胡扯！」硯芬馬上瞪田丁一眼，又笑着罵他一句。

「硯芬，說正經話，你們可不能做這種事囉！」田丁盯着硯芬半開玩笑半正經地說。

「去你的！」硯芬頓時羞紅了臉，一溜煙地跑出去了。

於是大家拍手彎腰地哈哈大笑起來。

第八章　賽籃球法軍輸陣　抓水鴨難民開心

農曆元旦來了。

這天特別熱鬧，上午在飛機場閱兵，（這個飛機場原來雜草樹木有一人多高，他們化了十多天時間才整理好。）參加分列式的有八千多人，文龍和他的部屬也參加了。田丁他們是文職人員，統統沒有參加，但司令台却是他們佈置的。

司令台的規模很大，氣象萬千，紅紙燈籠，對聯，特別醒目，台上兩邊的柱子上有一副特別大的紅紙金字對聯：

擊楫揮戈志吞湖海
抗俄反共氣撼山河

分列式進行了十幾分鐘，大致說很不錯，只是沒有槍，有一兩個中隊步伐稍欠整齊。文龍率領的那個中隊表現得很好，精神振作，步伐一致，因爲他事先演習了一個多星期。閱兵之後還有龍燈、獅子、高蹺、彩船等節目，在營區各單位往來遊行，鑼鼓喧天，熱鬧非常。各劇團還連續演了三天戲，自然田丁、沛然、牧野、楊柳、硯芬他們又忙了一陣。

六十年這個春節過得真是有聲有色，無論男女老幼官兵難民都高興得很，比五十九年在蒙陽的那個黯淡的春節完全不同了。

春節狂歡之後在元宵節前後三天又舉行了一次大規模的技術競賽。在營區方面有手榴彈投擲、單雙槓、舉重、木馬等節目。在陽東市方面由法方發動籃排球、划船、游泳競賽，以互相配合，參加的有國軍、法軍、華僑、越南四個單位。

在營區競賽節目中，文龍得了一個手榴彈投擲冠軍。在陽東市的競賽節目中，他又參加了籃球、游泳兩個節目，而且被選為籃球隊長。田丁、楊柳、沛然、牧野、硯芬他們不愛運動，一個節目都沒有參加，但他們卻是嚴守時間的觀衆，尤其是有文龍參加的節目，不到比賽完了他們是決不中途退出的。

籃球比賽是一個非常動人的節目。四隊角逐錦標。文龍率領的籃球隊首遇越南隊，以七十比五十竄過第一關。次遇華僑隊，以六十五比四十竄過第二關。這兩場都是大勝。最後遭遇法國隊，如果這一次能打贏就穩拿冠軍。在這以前他們沒有和法國隊比賽過，不知道他們的實力怎樣？加之法國隊都是高頭大馬，在身長方面佔了很大的便宜。同時他們這個球隊的正選是三個法國人，一個摩洛哥人，一個德國人，他們都是隸屬於法國駐軍的。如以人種來分，這可以說是一個國際球隊了。

中圈跳球之後，法國隊就先聲奪人，連中三元，領先六分。文龍看看情形不對馬上叫停，改變區域防守戰略為人釘人戰略，他自己死釘住對方的得分之鑰，那個高大的摩洛哥人。經過這樣改變之後陣脚馬上穩住下來，而且他於亂軍中在籃下托入一球，打破鴨蛋，在場的華僑，國軍，馬上報以熱烈掌聲，硯芬、田丁他們更高喊加油。此後雙方的分數始終保持四分之差，第一節終了時十六比十二，法隊領先。第二節開始文龍氣勢如虹，長射近投獲取八分，二十比十六反而領先四分，法隊馬上叫停，再戰時果見顏色，立即扳回四分，二十比二十平手。此後你來我往，互有建樹。第二節終了時文龍他們以三十八比三十六領先兩分。第三節爭奪得最激烈，這一節的勝負關鍵太大，雙方曾四次平手，六次犯規，那個摩洛哥人更毛手毛脚，態度粗野，幾次想對文龍暗算都被文龍敏捷地閃避過了，因爲他們兩人都是中鋒，眞是針鋒相對，各顯身手。第三節終了五十九比五十七，反而被法隊領先兩分。第四節開始雙方展開快攻，形成了投籃比賽，你一個來，我一個去，三分鐘後雙方以六十五比六十五平手，文龍他們又進了一個球。這時觀衆狂呼吶喊，掌聲雷動，每進一個球「好！好！啊！啊！」之聲不絕。硯芬更不停地高喊「文龍加油！文龍加油」這一節打到十度平手，終了前一分鐘文龍射入一球，領先兩分，觀衆以爲大局已定，但對方發球後一個長派司傳到籃角，對方左前鋒接到就投，球應聲入網。第四節終了七十四比七十四還是平手。最後裁判宣佈加時，雙方又各進兩球，七十八比七十八仍是平手。直到終場前兩秒鐘，文龍在中線一記長射，正中紅心，乾淨俐落，觀衆狂呼不已，硯芬更歡喜得流出了眼淚。文龍他們遂以八十比七十八奪得籃球錦標。獎品雖然只有一面錦旗，十二瓶酒，五雙皮鞋，但這次的體面可不小，贏得了法國人的尊敬，更贏得了華僑的愛戴擁護。排球錦標也由華僑奪得，雙報捷訊。划船比賽則由法方奪得錦標。

最後是游泳比賽，這是一個別開生面的比賽，不是在游泳池裡而是在陽東河上舉行的。法方先以汽船載運水鴨十隻，向河中拋下，參加比賽的人馬上從橋上跳躍入水中追捕，鴨子就是獎品，誰捉到歸誰。一百多個游泳健兒在河裡追逐十隻鴨子，熱鬧非常，鴨子駭得呷呷叫，有時在水面飛撲，有時鑽入水中，水裡選手們攪成一片，橋上觀衆歡聲雷動。文龍下水大約兩分鐘就抓住了一隻，別人也抓住了三四隻，他本來想起來不再追捕，可是有一隻鴨子被別人追急了向他面前直鑽，他又順手抓了一隻，於是高高興興地爬了起來。硯芬、田丁他們馬上跑過去迎接，硯芬拿着兩隻鴨子比文龍更高興。彷彿這個勝利屬於他們的。

文龍這兩次比賽的勝利給全營區帶來了榮譽和喜悅，處長更高興，除了正式歡宴他們一次之外十二瓶酒還送了他一瓶，五雙皮鞋也分了一雙給他，兩隻鴨子是他個人抓的，統統歸他享受。

皮鞋歸他穿是沒有問題的。鴨子他想要黃老太太弄出來邀田丁、楊柳、沛然、牧野、亞牛、張大幾個人打一次牙祭，一瓶上好的葡萄酒正好助興，硯芬也很同意，他們決定之後就把這個意思告訴田丁他們，他們聽了都高興得了不得。

「贊成，贊成！我舉雙手贊成！」田丁舉起兩隻手來大聲地說。

「文龍，我們這次叨你的光，又分享你的口福，眞是榮幸之至呀！」楊柳也笑着說。

「文龍，那場籃球你個人獨得三十分固然應居首功，可是沒有硯芬在旁邊大喊加油，那最後一隻球恐怕也 Shot 不進哩。」沛然向文龍笑着說，同時望了硯芬一眼。

「嗯，那眞是一記神射，滿場喝彩，對方五個球員都張口咋舌哩！」田丁一面作手勢一面說。他想起那場緊張，驚險，熱烈的球賽，現在還興奮得了不得，尤其是文龍最後一箭定江山除了表現了他的膽量機智之外，也彷彿如有神助。球從他手上拋出時如流星疾矢，在球場上空劃出一道美妙的弧線，然後擦的一聲穿網而下，眞是美妙極了！

「看了那場球賽我才完全瞭解硯芬爲什麼這樣愛文龍了。」牧野以老大哥的口氣望着文龍硯芬兩人打趣地說。

硯芬聽了不但不以爲忤，反而望着文龍嫵媚地微笑着。

「這就叫做慧眼認英雄呀！」田丁大聲地說笑：「如果她愛上了我和楊柳，那不吃癟才有鬼哩！」

於是大家開心地大笑起來。

「那場球的確驚險，對方的幾個球員確實有幾手，這是我平生最緊張最有意義的一次球賽。」文龍也興奮地說。

法國球隊的幾個球員都是上選，基本動作好，投籃準，派司妙，速度快，氣力充沛，那天贏來的確不易，他們也沒有想到會輸，他們在越南先後比賽十幾場都沒有輸過。這是第一次遭遇滑鐵爐。

文龍他們之所以能贏對方一個球，全贏在鎮定和機智，他們始終不慌不亂，沉着應戰。文龍的最後一記長射恰好把握時機，出其不意，即使投而不進，對方搶到球後也沒有時間再投籃，還要加時再戰。如果一投而進那就穩坐江山，所以文龍集中全身精力，作最後一次的長射，贏了這非常寶貴的兩分。

「我看不懂球，我倒歡喜看捉鴨子。」張大忽然插進一句。他以前沒有看過籃球，不懂得籃球規則，也不知道這是一種運動，他很奇怪大家爲什麼要搶那隻球？又爲什麼要抛來抛去？捉鴨子那倒是頂有意思的，捉到了就是自己的，他覺得法國人眞慷慨，十隻鴨子也要百多塊越幣哩！因此他不主張殺，他覺得吃了多可惜？養着生蛋多好[illegible]！他終於期期艾艾地說：「如果把這兩隻鴨子養着下蛋那不更好嗎？」

「張大，別心痛，下次我再抓兩隻給你養好了。」文龍拍拍他的肩頭向他[illegible]地一笑。

「法國人有這樣好嗎？」張大睜大眼睛天眞地望着文龍。他心裡想如果常常有這種好事兒那他們就不必自己買鴨來養了。「如果下一次還有這種機會我也想去抓抓[illegible]最後[illegible]」

「你會游泳嗎？」文龍笑着問他。

「會[illegible]。」張大[illegible]靦覥地說。

「[illegible]，張大，你不要[illegible]鴨抓不着，還要別人去撈你這個死鴨子囉！」田丁笑着說。大家聽了也都好笑起

第九章　早去台灣成夢想　老死富國不甘心

元宵節後，法方從西貢派來了一個電影宣傳組，在營區放映新聞片子。[illegible]有越北戰爭新聞片，有韓戰新聞片，有美國科學新發明和社會動態，有聯合國大會新聞片，有臺灣三七五減租和[illegible]校閱三軍新聞片。他們看話劇、平劇、地方劇看得太多了，現在調換一下口味大家都爭先恐後地趕着去看，總處演講台前的曠地上坐了[illegible]人，目不轉睛地注視着幕布。

文龍硯芬他們統統去了，大家都擠在一塊。張大從來沒有看過電影，他看得目瞪口呆，他很奇怪一塊白布上怎麼會出現那麼多人？那些人又怎麼會講話？還有那麼多的房屋？[illegible]層的大厦又是怎麼建築的

？那小小的幕布怎麼容得下這麼多這麼大的東西？爲什麼別人會在這塊布上出現？他却不能在這塊布上出現呢？他愈想愈覺得稀奇古怪。

「外國人怎麼這樣聰明哪？這些玩意兒是怎麼想出來的？」他一面看心裡一面想。

忽然他看到一個中國人站在五星吉普車上校閱陸海空軍時大家都向他鼓掌，他也只好跟着鼓掌。

「這人是誰？怎麼會有這麼多人敬重他？……」他心裡很奇怪，他從來沒有見過這個人。忽然他想起了在中山堂看到過一張照片，他很像掛那在正當中的人。「噢！眞該死！連總統也不認識！」隨後他又這樣責怪自己，同時把身體坐正起來。

看過這次電影之後，張大確實增長了不少見識。他知道外面還有許多新奇的事物，還有許多國家，還有許多不同的人種，還有那麼大的砲，人都可以鑽進去。那麼大的兵艦，可以裝載許多飛機。那麼快的飛機，飛的時候後面還拖着一條白色的尾巴。在他看起來還有更奇怪的是種地不用牛，不用鋤頭犂耙，人駕着一個鐵的東西在地裡吃格吃格來回地轉動，就可以播種，就可以收穫，而且做得那麼快，起碼要抵幾百個人工，這眞奇怪！如果他也有這麼一個東西他眞想把富國島統統開出來，那不是一兩年內就可以發財了嗎？那不是比劉發祥更有錢嗎？隨後他又想：

「唉！中國人怎麼這麼笨呢？怎麼想不出辦法來呢？可惜我沒有讀書，不然我一定要想出一個辦法的。」

劉文龍他們看過電影之後也覺得耳目一新，尤其是臺灣新聞。前些時他們看到臺灣的書報雜誌已經知道不少臺灣的情形，可是總沒有電影那麼生動親切。那巍峨雄壯的總統府，那陣容嚴整的三軍將士，那笑口常開的農民，都給他們一個很深的印象。他們不是生在臺灣，不是長在臺灣，也沒有到過臺灣，但他們有一種感覺，彷彿臺灣是他們的家，那裡才有溫暖，才有安慰。他們到富國島一年了，法國人對他們的態度也好多了，但他們總有一種作客的感覺。富國島的風物情調看來和臺灣並沒有什麼大的差別，同樣的是四季如春，同樣的是椰風蕉雨，但他們始終覺得富國島是異域，是別人的領土，只有臺灣才是自己的。

「能夠早點回到臺灣才好。」文龍自言自語地說。

硯芬望着他甜蜜地笑笑，她也希望早點回到臺灣去，那裡的國軍比這裡的多，全島上都是自己的同胞，也許她在臺灣還會碰見同學、親戚、朋友，那裡不是有一百多萬內地人嗎？她相信一定可以碰見熟人的。再則到臺灣以後她就可以和文龍結婚了，他們都是沒有結過婚的人，上面一定會准許的。

「到臺灣以後就可以天天看電影了。」田丁搖着頭吟咏地說，他是一個影迷，自從退入越南之後就沒有看過一張片子，他對於費文麗，殷格麗褒曼，金飽慧兒，至今還是念念不忘。假如能到臺灣，他一定要接連看十個月的電影，他想總有好多新片子沒有看過的。

「到臺灣以後我第一件事就是要買一支小提琴。」沛然幽幽地說，他失掉小提琴已經一年多了，彷彿失掉愛人似的。在富國島這樣優美的環境中沒有一隻小提琴是多煞風景呀！如果坐在椰子樹下，在月光中信手拉拉小夜曲那該多有詩意喲！

「到臺灣我一定要買一副好畫架，買點好顏料。」楊柳興奮地說，他打好了那麼多的畫稿，但一張都沒有完成，這多遺憾呀！

「楊柳，你早答應給我畫張像，到臺灣以後一定要實踐諾言啊！」硯芬的長睫毛一閃，同時微微嘟起嘴巴。

「沒有問題，沒有問題，我一定替你和文龍畫一張，作爲你們的新婚賀禮。」楊柳連連點頭，滿口應允。

「你們到臺灣這樣那樣，我到臺灣可要先找一個女朋友。」牧野打趣地說。談起女人他的馬臉也好像縮短了一截。

「還還用你說！除了文龍兄以外，我們這些光桿兒那一個不需要？」田丁眉飛色舞地截住牧野的話。

「唉！臺灣已經有那麼多的光桿兒，等到我們去的時候恐怕更是粥少僧多了。」楊柳倒是唉聲嘆氣地說。他對這件事情不敢樂觀，報紙上不是說臺灣男多於女嗎？

「別急，到臺灣以後我一定要硯芬幫你們的忙。」文龍一面安慰這一群光桿兒，一面向硯芬投射兩道請求的眼光。

「我才不高興找這些麻煩哩！」硯芬故意把嘴吧一撇：「他們都是幾個怪物。」

「怪物？」田丁馬上跳了起來，用手指着硯芬的鼻尖說：「妳一個鼻子兩隻眼睛，我們又有那一個少了一點？」

「不是少了一點，」硯芬退後一步，把身子微微一扭，隨即輕描淡寫地說：「是多了一點。」

「多在那兒？」田丁睜着兩隻眼睛盯着硯芬問：「是六個指頭還是兩個鼻子？」

「這倒沒有。」硯芬輕輕地搖搖頭，她那烏黑柔美的頭髮跟着起了一陣美妙的波浪，然後十分沉靜地說：「就是多了一份怪癖。」

[illegible]他們每人都有一個怪癖。田丁愛翹起脚來躺在床上幻想，假如他是在想十首詩，那怕是燒着房子死了人他也不理會。沛然一天到晚嘴裡總是哼哼唱唱，吵死人的。楊柳總愛拿起筆來東畫西畫，書本上也畫，日曆上也畫，牆壁上也畫，甚至白臥單上也畫。牧野呢，他愛躺在床上抽烟，臥單燒的盡是窟窿。女人都是有點潔癖的，又愛嘮叨，如果你不理她，不聽她，她就會氣得做鬼叫。硯芬是女人，她知道女人的心理，他們這幾位先生的怪癖是不太受女人歡迎的。

「硯芬，照妳這樣說，我們不是要打一輩子的光桿兒嗎？」田丁的手自然地垂下來了，他先前像一隻打足了氣的皮球，現在慢慢地癟了，癟了。

「等着吧，」硯芬像調侃三歲的孩子似的調侃田丁。「也許會有臭味相投的？」

大家聽了哈哈大笑。

田丁受了硯芬的調侃心裡[illegible]不自在，因此也調侃硯芬一句：

「那麼妳和文龍是香味相投了？」

「[illegible]」硯芬迅速地點點頭，同時吃吃地笑起來。

「到臺灣以後我們恐怕不能像現在這樣在一塊兒胡扯了？」文龍笑着說。

「現在我們不過是在做夢，到臺灣還不知道是那年那月哩！」田丁慘淡地一笑。現在確實看不出有回臺灣的跡象。

「難道我們真要老死富國島嗎？」硯芬忽然睜大眼睛看看大家，顯然的，她也有點着急起來。

「妳急什麼？出一對，進一双，女兒都有了，還想孫子嗎？」田丁把嘴巴一撇，眼睛一翻，故意逗她的，他這裡所說的女兒就是指那個檢來的棄嬰。

「田丁，你再胡說我要惱火了！」硯芬也故意嘟起嘴巴，瞪田丁一眼。

「怎麼？妳欺侮我一個光桿兒？」田丁用手指着自己的鼻尖，淘氣地盯着她。大家看見他那副怪相都笑了起來。

「田丁，你這樣子真要當一輩子光桿兒。」硯芬說着故意旋轉身子把背向着她。

「笑話！只要一回臺灣我就牽一個給妳看看。」田丁忽然把頭一昂又很自負地說。他不相信他找不着女人，只要有合格的對象，他以為他一定可以馬到成功，他雖沒有文龍那副健美的身材，但他對於自己的大腦袋倒蠻自負哩！

「田丁，你是牽一隻狗婆還是牽一隻老母豬啦？」楊柳也插進來打趣。

「嗐呀！還不是和硯芬一樣四條腿。」田丁把嘴巴向硯芬一歪，隨即哈哈地笑起來。

「田丁，你真想討打了呀？」硯芬抓着一本雜誌回轉身來準備向他投擲。

大家看了都好笑。

「諸位，你們看硯芬多溫柔文雅呀？」田丁指着硯芬向大家說。硯芬反而不好意思地馬上把手放下來。

「田丁，你這傢伙眞有一手！」楊柳看田丁制服了硯芬馬上笑着罵他。

「哼哼，對付野馬你不要忘記了絡頭，對付女人你不要忘記了高帽子，如此而已！」田丁在鼻子裡哼笑着，又偷看硯芬一眼，他看硯芬的臉都氣紅了，於是又哈哈地大笑起來。

「田丁，你這傢伙眞有一手！」楊柳也哈哈地笑着，這次他向田丁豎起了大姆指。

「閣下，不過這樣一來我這個光桿兒眞要當一輩子了。」田丁又滑稽地偷看硯芬一眼，然後向楊柳伸伸舌頭。

「怎麼？你又氣餒了？」文龍笑着走過去在田丁耳邊輕輕地說。

「不是氣餒，不過這種事兒總離不了媒婆媽媽的。」田丁向文龍眨眨眼睛輕輕地回答。

「硯芬，田丁的事妳還是要幫忙啊！」文龍馬上走過去扶着硯芬的肩頭向她撫慰地一笑。

「將來回到臺灣再說吧！」硯芬也向文龍莞爾一笑，左頰上同時露出一個淺淺的酒渦。

「硯芬，我這就謝媒了！」田丁馬上厚顏地向她一揖到地。

「看你這副饞相！」硯芬指着田丁的大腦袋笑着罵他，引得大家都笑了起來。

「你們都想找女人，到臺灣以後我可要裝一條腿。」亞牛半天沒作聲，現在看看大家都滿足了自己的夢想，他也忍不住把心裡的話氣沖沖地衝了出來。

「好，希望早點回到臺灣，大家如願。」文龍拍拍亞牛的背脊，親切地說。

第十章 世外桃源槍聲響
膽小商人桌底藏

他們到富國島一年了，富國島本來就是一個世外桃源，經過他們一年來的整頓經營，營區的環境更優美極了，如果不是有越盟在島上擾亂，他們與戰爭幾乎完全隔絕，完全置身世外了。

越盟在島上的擾亂是長期性的，他們沒來以前營區附近是越盟經常出沒之地，他們到達之後，越盟並未絕跡，起初越盟宣傳他們的目標是高鼻子（法國人），可是一年來營區的官兵難民受越盟的勾引誘惑的也不少，加之營區極少數匪諜潛伏活動，所以有一天居然有十幾個人逃到山上去和越盟合夥了。另外越盟還殺害了國軍幾個士兵，這給島上國軍不少的困擾，因爲他們手無寸鐵，不能和越盟公然破裂，只好忍耐並運用種種方法與之周旋，以緩和越盟的進攻，減輕越盟的敵視。但越盟與朱毛已經結成一氣，並受朱毛的援助和指揮，所以島上的越盟份子也把羈留在富國島上的國軍看作眼中釘，必欲拔之而後快，越盟之所以遲遲沒有動手是因爲自己的人數太少，而營區的國軍和難民將近兩萬人，假使真正鬧翻了對越盟是不會有多大的好處的。

自三月間越北戰爭吃緊，駐留富國島法軍抽調了一部份前往參戰，營區附近各碉堡警戒撤銷之後，越盟份子就乘機活動起來。第一步是燒燬碉堡，第二步是進入營區偵察，第三步是召集島上越盟份子在鄉間開會，並作了兩個重大決定：一是刼奪陽東市法方軍械庫，二是綁架營區高級長官，瓦解留島官兵，這計劃是相當毒辣的。

管訓處接獲上項情報之後，馬上召集重要幹部會商，一面擬訂防衛計劃通令實施，一面向法方建議發給自衛武器，因數量問題未獲法方同意，所以這個計劃沒有成功。

但是越盟的侵擾却一步緊一步，他們三五成群地携帶短槍在營區橫衝直撞，過去他們是在夜晚利用營區襲擊法軍，現在在白天也公然利用營區作掩護向法軍突擊了。既然越盟利用營區襲擊法軍，法軍自然不能不予還擊，因此營區變成了戰場，法方的砲彈完全落在營區，越盟之所以這樣做一是借刀殺人，使營區人口遭意外的死傷；二是離間國軍和法軍的情感，使法軍疑忌國軍。因此處長痛下決心，通令所屬，如果越盟份子以後再進入營區，便以木棍石頭和他們拼命，同時並暗中製造梭標數千枝，以加強自衛力量，全體官兵不分日夜輪流拿着梭標木棍嚴密警戒。

五月某日午夜，天色很好，海風一陣陣吹來，格外涼爽。椰子樹、檳榔樹輕輕地搖曳着四五尺長的羽狀的枝葉。上弦月已經下落了，星星却在藍色的天幕上閃着，跳着。田丁、楊柳、沛然、牧野、硯芬他們正躺在門前的竹椅上聊天，高大的椰子樹正覆蓋着他們，沛然嘴裡正輕輕地哼着「富國島小夜曲」。

忽然警報號音急促地尖銳地嘶鳴，海灘方面殺聲震天，槍聲劈拍地響着，他們知道發生了什麼事情，硯芬驚嚇得有點哆嗦，嘴裡還喃喃地唸着：

「不知道文龍怎樣了？不知道文龍怎樣了？……」

這時正是文龍率領他的一中隊人（他是整編後的中隊長）擔任警戒。既然發生了事情他們當然是首當其衝的，假如有槍那沒有問題，現在他們只有梭標，而越盟却有手槍，步槍，因此硯芬格外躭心文龍的安全。

田丁、楊柳、沛然、牧野他們都不是戰鬪人員，警報號音響過之後他們並沒有出動參戰，他們只拿着木棍在附近巡視，以免發生火警，同時也好照顧黃老太太和硯芬她們。

亞牛如果不是少了一條腿他一定要去參戰的，現在他只好在屋前屋後瞭望，怕有越盟份子竄進來。張大沒有戰鬪經驗，他守住房子裡的應用東西，如果萬一有火警就可迅速地搶救出來。劉發祥呢？他什麼也不做，他只緊緊地抱住他新買的那隻小皮箱，蜷在桌子底下發抖，他這一向的生意很興隆，他的錢是愈積愈多了，他什麼都不躭心，他只躭心自己的性命和鈔票。全營區的人死光了，那都沒有關係，只要留住他劉發祥總是有辦法的。

跑步趕去參戰的人的脚步聲像千萬枝鼓槌重重地擂在大鼓上咚咚的響着，使整個營區的地面都震動起來，灰塵像一層濃重的烟霧，揚起來有好幾尺高。

槍聲仍在劈拍的響着，喊殺聲比先前更急更高。硯芬急得快要哭出來了，嘴裡不斷地唸着：

「怎麼辦？怎麼辦？不知道文龍怎樣了？……」

「硯芬，不要急，越盟整個地來了也只有幾百人，剛才我們就去了幾千人，嚇也要把他們嚇跑的。」田丁像哄小妹妹一樣地安慰硯芬，他說的倒也是實情。

「假使他們眞的全來了那可夠麻煩的。」牧野停止走動，他的馬臉比平常顯得更長。

「是呀！越盟有槍呀！」硯芬尖聲地叫着，他的兩條柳眉幾乎連結起來了。

「妳要知道我們並不是徒手，每個人都有梭標！」田丁大聲地說，他的脖子幾乎掙紅了。

「無論怎樣這一仗打下來双方總有死傷。」楊柳也覺得情形有點嚴重，他說話的聲音都有點顫抖。

「是呀！不知道文龍怎樣了？」硯芬有點歇斯底里地尖叫着。

「硯芬，妳不必躭心文龍，他能從千軍萬馬中突圍出來，還怕這些小子嗎？」田丁相信文龍的勇敢和機智，他認爲文龍一定能夠對付這些越盟份子。忽然他又想起那次驚險的籃球賽，因此他向硯芬走近一步，輕輕地對她說：「妳還記得那次球賽嗎？」

硯芬也知道文龍勇敢機智，她就是這樣愛上他的。她還記得那次他怎樣打倒兩個摩洛哥人，使她免於汚辱的故事，但因爲愛之深所以也就格外關切，彷彿子彈不打別人專找文龍似的，因此她又憂愁地說：

「我總有點躭心。」

「硯芬，難道我們就一點也不躭心嗎？」田丁睜着眼睛反問硯芬，他簡直有點生氣起來。

硯芬經田丁這一問，不覺赧然一笑。

「好在今夜是文龍擔任警戒，如果是別人或許我們眞會吃虧。」楊柳牧野都這樣說。

「嗨！假使我不是少了一條腿，今天夜晚我一定要幹掉他們幾個！」亞牛看看周圍沒有動靜也拐過來插嘴。他打慣了仗，遇到這種場合眞有點技癢。

「亞牛，你歡喜打仗？」硯芬聽見亞牛說得那麼輕鬆，她睜着兩隻眼睛奇怪地望着他。

「當兵不打仗那才怪哩！」亞牛也睜着一對大眼睛奇怪地望着硯芬，他的兩道又黑又粗的濃眉同時跳動了幾下。

「你不怕危險嗎？」硯芬又奇怪地問。

「躲在被子裡就沒有危險嗎？」亞牛把頭一抬，眼睛向上一翻，做出一副怪相。

「亞牛，如果你不這樣愛打仗，我想你的腿子不會少掉一隻的。」硯芬憐惜地望着他。

「哈哈，我一條腿起碼換了二十條命，我已經够本了。」亞牛得意地大笑着，他的大眼睛閃着勝利的光芒，濃黑的眉毛又接連跳動了幾下。

硯芬聽了不自覺地一怔，怎麼亞牛把人命看得這麼輕？彷彿他少了一條腿也無所謂的。

「亞牛，你應該重視你這條腿。」硯芬十分親愛地說。她還記得那次兩個摩洛哥人纏住她時他毫不畏懼地舉起扶手打他們，結果被他們當場打暈，假如他有兩條腿的話他可能把那兩個摩洛哥人制服的。

「哈哈，這就要看它的造化了。」亞牛拍着那條好腿，張大嘴巴向她笑着。

「你自己也應該愛惜呀！」硯芬尖銳地叫了起來。

「愛惜？愛惜我早就鑽進和尚的褲襠了！」亞牛粗聲粗氣地說。

大家聽了都忍不住笑，硯芬嘆了一口氣，又不好意思地撇過頭去。

這時槍聲漸漸稀疏，殺聲也由近而遠，硯芬他們的心情也漸漸輕鬆，看樣子越盟是被阻止了。

「你們看越盟是不是退了？」硯芬忽然興奮地說。

「看樣子是退了。」牧野漫應一聲。

「我說了我們嚇都會把他們嚇跑的。」田丁得意地揮舞着木棍。

大家看了都輕鬆地一笑，硯芬笑過之後又[illegible]地說：

「不知道文龍怎樣了？」

「左也文龍，右也文龍，等會我還妳一個文龍好了！」田丁忽然瞪她一眼。他奇怪女人都有點婆婆經，連硯芬這樣受過高深教育的現代女性都不免，他簡直有點生氣起來。

「田丁，你不知道這就叫做愛呀！」楊柳偷看硯芬一眼然後打趣地說。

「如果女人都是這麼愛法，那我眞情願當一輩子光桿兒。」田丁故意望着硯芬做鬼臉。

硯芬皺着眉瞪田丁一眼。楊柳却補上一句：

「所以到現在我們還是光桿兒啦！」

十分鐘之後，漸漸地聽到沸騰的人聲，由遠而近。緊接着的是雜遝的脚步聲，間或傳來一兩聲笑語。漸漸的又看到鑽動的人頭和如林的梭標了。硯芬田丁他們知道這場戰爭已經結束，是自己人回來了。

於是他們興奮地趕了過去。硯芬的眼快，她馬上看見文龍押着三個俘虜回來，她喜悅得流淚了。

文龍把三個垂頭喪氣的俘虜解到處裡之後，處長馬上審問，由外事科的一位官員擔任翻譯。最後決定把他們放回去，但是鄭重地警告他們以後不得再犯，否則抓到了就毫不客氣地處置。那三個越盟份子原先以爲必死無疑，或者會把他們交給高鼻子，想不到中國人竟這樣寬大，連槍都還給他們。他們簡直感激得流淚

原來他們一共有五十幾個人，計劃於午夜侵入營區向法軍作一次猛烈的突擊，以造成國軍與法軍的重大

傷害。同時還想在混亂中架走幾位國軍高級長官。他們以爲以前少數人這樣作國軍都沒有制止，這次來了五十多個當然更不敢制止。想不到這次還沒有接近營區就被阻止了。起先他們要想以武力對付，所以連放了十機槍，沒料到他們槍聲一響，文龍的弟兄們就大聲喊殺，拿着梭標向他們直衝過去。同時後援的隊伍又像潮水一般地湧過去。當初他們還一面開槍一面退却，後來看見這邊的人一層一層地四面八方衝上來，加之殺聲震耳欲聾，他們看看情形不對，調轉頭來就跑。他們在前面慌張地逃跑，文龍的部隊在後面緊追，還不時用梭標投擲，起先他們還能成隊地跑，後來因爲追得太急就各自向山林中亂竄，東一個，西一個，誰也不顧誰，這三個傢伙跑慢了一步就被抓着了。

「要是我當時就宰了他！」事後亞牛還覺得有點不甘心。

「放他們回去正好送個信兒，叫他們以後不要胡來。」文龍心平氣和地說。「殺掉他們三個人沒有什麼價值。」

文龍回來之後，硯芬就寸步不離，同時問長問短：

「我們有沒有人受傷？」

「只有一個，」文龍恨恨說：「假使當時我們有槍，我要他們一個也逃不了。」

假使他們有槍，不但這幾十個越盟逃不了，島上所有的越盟都會被他們肅清。那富國島就是他們的王國。法國人之所以不敢發給他們自衞槍枝，實在存有一種畏懼心理。

「我們受了這麼久的氣，這次總算給他們一點敎訓了。」楊柳很慶幸這次抵抗的成功。

「下次他們也許不敢再來。」田丁[illegible]地說。

「再來老子非宰掉他幾個不可！」亞牛咬着牙把扶手用力往地上一篤。

「[illegible]你們沒有受驚吧？」文龍仔細地望望大家的臉色。

「你問硯芬好了。」田丁故意把嘴巴向硯芬一歪，然後又彷彿受了委屈似的說：「假使你不回來，硯芬眞會逼着我要人哩！」

硯芬隨即瞪了田丁一眼。文龍望着她[illegible]一笑。

「[illegible]劉發祥那兒去了？」文龍忽然發現不見劉發祥，心裡不免一怔；以爲他出了什麼事兒？

硯芬、田丁他們也不知他到那兒去了？最後還是張大結結巴巴地說：

「劉先生大概還躲在桌子底下吧？」

於是，大家低着頭向桌子底下搜索，果然看見劉發祥抱着一口小皮箱靠着墻壁蜷在桌子底下坐着。起先他是害怕不敢出來，後來大家回來了他又不好意思再從桌子底下鑽出來，所以一直屏着氣像喪家狗一樣地蜷在桌子底下。

大家看見他那副樣兒都[illegible]笑起來，亞牛氣得用扶手向他身上篤了幾下：

「[illegible]還不快點滾出來，別再丟人了！」

第十一章　傳鼠疫面面相覷　總動員人人喊打

越盟經過這次打擊之後果然不敢再來侵犯，就是要突襲法軍也改在陽東市那方面動手。但是營區的警戒並沒有鬆弛，還是照常地放哨巡邏。

越盟雖然沒有再來侵犯，可是營區裡並沒有寧靜下來，一個驚心動魄的消息像一顆原子彈突然在營區爆炸開來，中越法三種文字的佈告到處張貼着，內容是這樣的：

查本島最近發現鼠疫，此種疾病傳染迅速，死亡率極高，爲全島軍民安全起見，自即日起斷絕海上及本島水陸交通，希各知照。

大家看了這張佈告都嚇得目瞪口呆，面面相覷，同時法方另有正式通知送達管訓處，並將營區通往陽東市的大橋吊起來，非持有特別通行證的醫務人員一律不准通過。陽東市至介多噴吥的海上交通也同時封鎖了。

鼠疫，鼠疫！這是一種多麼可怕的傳染病啊！他們知道從前東北和福建曾經發生過這種傳染病，死掉幾十萬人。現在島上既然發生鼠疫，而他們人口的密度又超過任何地區，如果一旦傳染到了那他們這些人可能在幾天之內甚至幾小時之內完全死光的。這是多麼恐怖的事啊！

管訓處對於這件事的處置是馬上停止教育訓練，各單位交通也暫時斷絕，大家把全副精力都用在整理環境，注意衞生和捕捉老鼠上面。爲了根絕鼠患，管訓處還懸有捕鼠賞格，每頭越幣兩角。於是大家更加熱心捕鼠了。

文龍、硯芬、田丁、沛然、牧野、亞牛、張大他們統統參加了這個工作。劉發祥因為不能去陽東市買貨，也不能在營區各處行走，只能侷促在規定的範圍之內，生意是做不成了，但他並不十分樂意做捕鼠工作。雖然每頭老鼠有兩角越幣的賞格，但比起做生意的利潤來還要差得多，而他又是一見了這灰色的小動物全身都要起鷄皮疙瘩的。可是亞牛一定要他參加這個工作，不然就要揍他。

「亞牛，我怕，我不敢打。」劉發祥哭喪着臉說。

「媽的你專會偷懶，挖地你不幹，越盟來了你又躲在桌子底下，現在打老鼠你又不肯動手，你再不幹老子就揍你！」亞牛瞪着眼睛舉起扶手來威嚇他。亞牛實在不知道劉發祥怕老鼠的，在他看來刀架在頸上都沒有什麼大不了，那麼幾寸長的小老鼠有什麼可怕的呢？

「亞牛，我不是偷懶，我一看見老鼠身上就會發麻。」劉發祥不安地閃動着那對小眼睛，他那肥胖的身體也怯弱地蜷縮着。

「你看見老鼠身上會發麻，你看見鈔票身上怎麼不發麻嗎？」亞牛撇撇嘴譏諷地說。他還是不相信劉發祥這麼大又這麼胖的人眞會怕老鼠的。

「亞牛，這是眞話，我實在怕那小東西，灰東東的，軟綿綿的，又醜又髒，還會吱吱地叫，我一看見身上就會起疙瘩呀！」劉發祥急得捶胸頓腳，幾乎哭了出來。

硯芬本來也怕老鼠，但大家都打她也只好抖起膽子不說怕，她怕田丁又會譏笑她。現在經劉發祥這麼一形容，她拿着木棒的手就有點發抖，肉也在起鷄皮疙瘩，因此她囁嚅地說：

「亞牛，不要強迫他，這東西實在可怕。」

「唉！眞奇怪，老鼠有什麼可怕的？」亞牛望着硯芬嘆了一口氣。

「硯芬，怎麼呢妳也和劉發祥一樣？妳也怕老鼠嗎？」田丁嬉皮笑臉地盯着她問。

硯芬覺得這比打她一下還要難受，她想田丁爲什麼專愛揭發她的弱點呢？他這人眞有點討厭呀！

「田丁，你別打腫臉充胖子吧！難道你不怕嗎？」硯芬閃動了幾下長睫毛，白了他一眼。她自己怕，因此她不相信田丁不怕，最少他沒有亞牛和文龍那種膽量呀！

「哈哈！男子漢大丈夫，我田丁還會像妳那麼女人氣？」田丁故意把胸一拍，頭一昂，向她哈哈大笑，這種笑笑得她臉上有點發燒，身上也有點發麻呀！

「田丁，請你別那麼陰陽怪氣的，我看你也和老鼠差不多呀！」硯芬盯了田丁一眼，又迅速地車過頭去不再看他，她覺得田丁眞有點和老鼠那樣討厭可怕了。

「好，就算我是一隻小老鼠，總也還有人怕呀！」田丁向她走近一步嬉皮笑臉地盯着她。

「田丁，你再貧嘴爛舌我可不客氣了！」硯芬忽然嘟起嘴巴，舉起手上的棒子裝着要打的樣子。

「好，就讓妳先打死我這頭老鼠示衆吧！」田丁不但不退縮，反而笑着向她走近一步。

像觸電似的，硯芬的手自然地[illegible]地垂了下來，最後她氣得把棒子一摔，一溜烟地跑回房間去了，差一點哭了出來。

「嘿嘿！女人就是這個調調兒，老鼠都不敢打，你看她們還能幹出什麼大事兒來？」田丁勝利地大笑起來。

大家想想也好笑，只有劉發祥彷彿得了奧援似的。他想，不只我一個人怕老鼠呀，梅硯芬也怕老鼠哩！

「喂，你到底打不打？」亞牛又追問劉發祥。

「硯芬小姐打我也打！」劉發祥現在理直氣壯起來，說話的聲音也大了。

亞牛聽了很生氣，他舉起扶手眞要打他，田丁馬上拉住。

「[redacted]、男子漢大丈夫，你好意思和女人比！」亞牛擰眉瞪眼地把扶手往地上重重地一篤。

「劉發祥，我看這次你再不動手也太不像話了，這和你的性命也有關係呀！」牧野也拉長了臉孔說。

劉發祥看看逃避不了，他忽然想到錢能通神，管訓處出兩毛錢一個有人打，他出四毛錢一個亞牛總肯代他打吧？因此他大方地拍拍口袋，伸出四個指頭向亞牛說：

「亞牛，我出四毛錢一個，你代我打好不好？」

「去你媽的！」亞牛冷不妨地在他臉上劈拍幾下，咬牙瞪眼地罵他：「誰稀罕你那幾個臭錢？」

這幾個巴掌打得的確有點份量，劉發祥還怕亞牛再打，馬上縮着頭頸，摸摸發燒的臉一叠連聲地說：

「好，好，好！我打！我打！……」

「[redacted]眞是賤骨頭！」亞牛呸的一聲向地上吐了一泡痰。

就這樣劉發祥也跟着大家一道打老鼠了。

他們在房子裡倉庫裡到處找，發現了老鼠窩馬上搗毀燒掉，發現了老鼠洞就堵塞起來，發現了老鼠就像圍獵一樣，棍棒齊下，手脚交加。鼠輩是很少能逃脫的，因爲他們是關起門窗來打。

亞牛行動雖不靈便，可是他的膽子最大，田丁他們這些人都不大敢用手來抓，他可是用手比用脚的時候多。老鼠經大家圍打牠是會亂蹦亂跳的，有時能跳兩三尺高，跳到人身上來。亞牛就這樣抓着好幾隻，其中有一隻七八寸長的大老鼠當牠被亞牛抓着的時候狠命地咬了他一口，血馬上流了出來，大家勸他放手，他不但不放，反而咬緊牙關用力一揑，這頭老鼠吱都吱不出一聲，馬上一命嗚呼了，連腸子都擠了出來。亞牛狠狠地把牠往地上一摔：

「媽的！看是你狠還是老子狠！」

他的手還在流血，有他自己的血和老鼠的血。大家怕他中毒，連忙用冷開水替他洗淨，同時跑到醫務所去拿消毒的藥來替他敷上。

老鼠經過大家的努力搜捕，不到兩天已經快絕跡了，文龍和他的一中隊人打死的更多，全營區的老鼠被消滅的總在五萬頭以上，大汽油桶燒了二十幾桶，弄得臭氣薰天。

捕鼠運動展開的第三天，法方從西貢派來了一架飛機，用降落傘投了幾十箱藥品。於是全營區所有的醫務人員不分晝夜開始注射，每人打了一針之後才減輕一點心頭恐怖。

這次的鼠疫因爲防範得早，所以死亡很小，陽東市只死了幾個老百姓，營區方面也只死了一個士兵一個小孩。陰曆端午節前一天法方正式宣佈解除交通管制，大家這才鬆了一口氣。

「如果眞的傳染到了，我們這些羅漢恐怕已經見閻王了！」田丁[redacted]頗有再世爲人的感覺。

「[redacted]總算打了一次大勝仗！」亞牛習慣地把扶手一篤。

劉發祥却哭喪着臉，眼看着端午節這批生意做不成，因此嘴裡不住地嘟噥着：

「[redacted]眞倒楣！就誤了我一[redacted]好[redacted]。」

第十二章　棄嬰取各費口舌　代人受過好心腸

鼠疫過後，各總隊的教育訓練又恢復了，而且比以前更緊張，營區裡時刻聽得到一二三四聲。起初他們都是徒手訓練，後來上面覺得這樣訓練效果不會太大，尤其是各種武器的性能和部位名稱，如果沒有實際教材士兵不大容易領悟，因此他們決定製造各種武器模型，如輕重機槍、迫擊砲、手榴彈、步槍、刺刀、擲彈筒，統統按照制式用木頭仿造起來，機槍裡還安裝了機關，能够發出噠噠噠的聲響，各種武器看起來都和眞的一樣，步槍上的刺刀雖不能閃閃發光，却和眞的一樣鋒利。沒有多久，他們裝備齊全了。

文龍因爲擔任隊職，也帶着弟兄們出操演習，白天很少時間和硯芬他們在一起，現在是各人幹着各人的事，生活都很正常。

硯芬除了參加隊上的工作之外還在中華公學兼了幾堂課。中華公學是他們到富國島之後創辦的，[redacted]。中華公學的學生華僑子弟約佔十分之六七，其餘的是國軍子弟，完全免費教育。教員都是義務職，像硯芬、田丁、楊柳、沛然他們都是兼差[redacted]的。

硯芬教的是英文算術，田丁教的是國文、公民、史地，楊柳教的是圖畫，沛然教的是音樂，都是老本行。其他各課也都由專才擔任。

張大和亞牛整天在地裡工作，青菜早就上桌了，花生、洋芋、紅薯也能吃了，這些東西始終在新陳代謝地種植着。島上的氣候本來沒有什麼春夏秋冬之分的，終年暖熱，除了油菜麥子不適於種植之外，隨便什麼作物一種下去就能生長，所以張大簡直愛上這個地方了。

劉發祥自然還是照樣做他的生意，他的貨物是隨時在變換的，營區裡缺少什麼他就賣什麼，他的腦筋轉得快，作爲一個商人他是很出色的。

黃老太太餵的鷄鴨和猪也統統長大了，鷄和鴨都在生蛋，猪預備過中秋時賣掉兩隻，殺一隻。文龍和硯芬檢來的那個女孩子也一天天大起來了，現在會格格地笑了。硯芬和文龍在一天工作完畢之後都要抱着她玩玩。田丁、楊柳、沛然、牧野這些光桿兒也都很愛她。

「喂，文龍兄，我看你們應該給她取個名字了。」田丁笑着說。這女孩子現在長得蠻得人愛，應該取個名字才好。

「那就請你這個詩人給她取一個吧。」硯芬抱着孩子在房間裡踱來踱去。她也想過好幾次始終沒有想到一個適當的名字，現在田丁既然說起這件事她就順水推舟地往他身上一推。

「妳做媽媽的不取怎麼要我來取呢？這不是越俎代庖嗎？」田丁也推得乾淨。

「我的腦筋實在太笨，想來想去總想不出一個適當的名字，所以現在才請閣下費神哪！」硯芬在田丁面前停住，邊抖孩子邊向他笑着說。

「那妳怎麼不找文龍先取呢?」田丁望了文龍一眼然後又質問硯芬。

「他和我一樣，挖空了心思也想不出來。」硯芬也望了文龍一眼，然後又搖搖頭。

「眞的，田丁，我們兩人都想不出來，你是詩人，替孩子取個名字總不費吹灰之力吧?」文龍走過來恭維田丁一番。

「別灌迷湯吧，孩子是你們生的，名字却要我來取，那有這回事兒?」田丁故意瞇起眼睛開他們的玩笑。

「田丁，你別胡扯好吧?」硯芬帶着三分警告七分懇求的眼光盯着他說。

田丁知趣地一笑，隨後又說：

「妳就叫她小芬不好嗎?」

硯芬搖搖頭，孩子不是她生的，她覺得這樣叫不大好，她實在想替她取個有點紀念性的名字。

「我覺得這樣叫要親熱一點。」田丁推敲地說：「不但是名字，她也應該有個姓，你們到底讓她姓劉呢?還是姓梅?」

文龍和硯芬都沒考慮到這點，當時他們把她檢回來純粹是一種惻隱之心，實在沒有想到這些問題。

「這倒要考慮一下哩!」文龍望着硯芬微微一笑，像是徵求她的意見似的。

「田丁，就讓她跟你姓田好嗎?」硯芬先望了文龍一眼，然後迅速地回過來眼光灼灼向田丁一笑。她想她還沒有結婚哪，名字叫小芬已經夠滑稽了，如果再冠一個姓那不更滑稽嗎?不管是姓劉還是姓梅，人家可能把她看作他們的私生子的，這樣張冠李戴眞是代人受過啦！他想田丁是個無所謂的人，就讓她姓田不很好嗎？

「嘿嘿！硯芬，虧妳有這種好心眼兒哦！」田丁的反應很快，他馬上狡黠地盯着硯芬似笑非笑地說。

硯芬的心思被田丁一語道破，她不覺噗哧地笑了起來。

「嘿嘿！想不到還有這麼多的麻煩哩！」文龍用右拳打了一下左掌，然後又聳聳肩，他也覺得有點好笑。

「既然你們把她檢了回來，總不能再把她扔了出去呀！」田丁望着他們幸災樂禍地笑着說。「誰叫你們自找麻煩呢？」

「這孩子的爸爸媽媽眞她媽的該打屁股！」文龍想想又好笑起來。

「眞虧他們丟得下手！」硯芬抱着孩子輕輕地抖着，覺得她蠻天眞可愛的。

「這眞叫病床不揩屁股呀！」田丁一面說笑一面伸手摸摸孩子的臉。

「年青人就會做這種糊塗事。」黃老太太笑吟吟地說。

「伯母，他們糊塗不打緊，這下可給您添了不少麻煩哪！」田丁向黃老太太笑着說。她既要照顧孩子又要餵養鷄鴨倒也怪麻煩的。

「還倒沒有什麼，不這樣忙着那反而寂寞哩！」黃老太太笑吟吟地說。她今年雖然六十開外了，身體却蠻健康，人也頂樂天知命，如果沒有這些事做，那她一個人眞夠寂寞哩。

「如果不是有她老人家，我和硯芬也眞不敢把這孩子檢回來。」文龍望着黃老太太感激地笑笑。他帶兵是沒有問題的，不要說一連人，一國人也能勝任愉快。可是要他帶一個剛出生的嬰兒他就要手足無措了。硯芬呢？她也完全沒有育兒經驗，她還是小姐氣十足的，她不知道怎樣換尿布，孩子撒了床她更沒有辦法，一哭一鬧她就要着慌了。她不知道孩子的哭也是一種運動，她也許會手忙脚亂去找醫官哩！

「這樣硯芬正好見習一番哪！」田丁望着硯芬狡黠地笑着：「將來生了小寶寶才不會着慌啦！」

「田丁，你眞是狗嘴裡長不出象牙來。」硯芬馬上笑着罵他。

「這是正經話，妳怎麼反而罵起我來了？」田丁向硯芬走近一步，睜着眼睛盯住她。

「硯芬，田先生的話倒也不錯哩，你們唸書的人，總容易忽略這些小事兒。」黃老太太望着硯芬慈愛地笑笑，她的眼睛幾乎瞇成一條線了。

「伯母，田丁他懂得個屁！他只會嘴裡唧唧哇哇的。」硯芬說着不自禁地笑了起來，文龍和老太太也笑了。

田丁自然也好笑，他連自己也料理不好，頭不梳，脚不洗，他對這些事兒是遠不如文龍和硯芬的。

「喂，你們到底打算給她取個什麼名字呀？」[illegible]田丁又問文龍和硯芬。

「我說過了要請你賜個名哩。」硯芬微微縐起眉毛瞪着田丁說：

「小芬妳既然不同意，那麼就叫他龍芬吧？反正是你們兩人的事兒。」田丁笑着說。他心裡還在想誰叫你們背着大家出去散步呢？不然也不會遇着這種好事兒啦。

「好吧，就這樣吧！」文龍果斷地點點頭。他到底是軍人，做事爽快，這孩子既然撿回來了，這責任就要負到底了。

「依照我們的法律，子女概從父姓，我看也只好讓她姓劉了。」田丁對着文龍說。

「好吧，就讓她跟我姓吧！」文龍又連連點頭，他心裡倒覺得非常好笑：「還沒有結婚就爲人父，眞是少有的事兒。」

「硯芬也是未出嫁先養子咧！」田丁又湊趣地說。

於是他和文龍相視一笑，硯芬卻瞪了田丁一眼。

「我看這種事兒也只富國島才有。」[illegible]黃老太太[illegible]笑[illegible]說。

「伯母，這是熱帶呀！」田丁連忙接嘴，同時望望文龍和硯芬：「我眞躭心文龍兄和硯芬哩！」

「去你的！」硯芬羞澀地笑着，又清脆地罵田丁一句，隨後又十分母愛地對着孩子哦哦起來，孩子也格格地笑了。

第十三章　逢雨季苦中作樂　湊雅奐即景賦詩

雨季開始了。

銀灰色的雨整天淅淅瀝瀝地下着，那長長的雨柱織成一層層灰色的簾幕。雨點打在地上噴淺着一個個小小的圓圓的水泡，很快地又破滅了。地上的積水很多，低窪處已經變成水潭，地上的灰塵和樹葉都沖走了，露出了黃褐色的堅硬的泥土和鵝卵石子。雲層很低，海上是迷濛一片，看不出那是雲層？那是海面？

椰子樹檳榔樹在風雨中搖擺着，[illegible]那長長的羽狀的枝葉左右地搖擺着，有時是輕輕地勻勻地搖擺，有時又忽然重重地搖擺幾下，彷彿爛水手跳着掄擺舞。

鷄[illegible]在屋簷下瑟縮着，有的把頭縮在翅膀裡面，用一隻脚獨立着，有的嘴裡在輕輕地吱吱地叫，有的用嘴梳理着濕淋淋的羽毛，雄鷄也縮着頸子不再引頸長啼了。猪也在圈子裡吱吱地叫着，不安地來回地[illegible]。

只有鴨子是最高興了，牠們在雨地裡到處跑着，在找鑽出地面的蚯蚓和在草地上慢慢地爬着的蝸牛吃，這是牠們最喜歡的食物，牠們真像小孩子過年一樣地快活了，吃飽了牠們會拍着翅膀呷呷地叫，或撲通撲通地跳進水潭裏洗個痛快的澡。

一切室外活動都停止了。

文龍不能再帶着弟兄們去操演了。劉發祥也不能出去做生意了。張大、亞牛也不能再下地了。大家都躭在家裏不能出去。

但是他們並不煩悶寂寞，他們過得比天晴的日子還有意思，天晴時他們反而不容易聚在一塊兒，現在[illegible]他們可以在一塊兒玩玩

前些日子沛然托人到西貢買了一隻小提琴回來，楊柳也托人買了一批好帆布和顏料，另外還買了一個精緻的畫架，現在他們都有事可作了。這個雨季從陰曆五月下旬起一直要連續下兩三個月，這[illegible]真是一段非常寶貴的時間。

硯芬的一幅油畫像楊柳首先交卷了。這幅像畫得很好，是楊柳的得意之作。他畫起來之後還自己做了一

個框架，仔細地釘上，然後當作一件禮物似的送給硯芬。

硯芬對於楊柳的這份盛情感激得很，她不再說畫家比詩人更討厭了。

「嘿，楊柳，我眞想不到你是一個守信的 Gentleman 呀！」硯芬接過畫像時非常興奮地笑着。她的兩眼熠熠閃光，長睫毛像水車的葉子那樣迅速地搧動，圓圓的酒渦久久不散。

「硯芬，妳想不到的事兒可多着哩！」楊柳垂着單眼皮向硯芬莫測高深地笑着。他覺得他和田丁、沛然這幾個人的性格她是摸不清楚的。

大家聽了都笑了起來，硯芬也睜着眼睛惶惑地笑着問：

「難道詩人、畫家、音樂家眞是怪物嗎？」

「可也不是二加二等於四呀！」楊柳的頭得意地搖擺着，如果你是一個漫畫家，一定可以跟着他頭顱搖擺的旋律繪出幾道優美的弧線。

「硯芬，妳說我們是瘋子也可以，怪物也可以，可就不是老鼠囉！」田丁望着硯芬譏諷地笑着。

硯芬一聽見田丁提起老鼠她的臉就有點發燒，她連忙用一個微笑來掩飾，同時把畫像往田丁面前一送：

「田丁，別扯野話了，你看這幅畫像怎樣？」

「喲！這就更像林黛妮兒了。」田丁迅速地瞥了一眼，故意大驚小怪地說。

「誰跟你講這些？我是問你這幅畫畫得怎樣？」硯芬白了田丁一眼，她不希望田丁再談她自己，故意把話題拉開。

「小姐，抱歉得很！我對於此道一竅不通。」田丁双手一拱，同時向她翻翻白眼，他不願意上他的圈套，當着楊柳的面批評他的畫。

「我就知道你一竅不通！」硯芬馬上撇撇嘴，故意戲弄他一句。

「那妳又何必多問？」田丁也瞪她一眼。

「小姐們就愛這個調調兒！」硯芬馬上把頭一昂，嘴一撇，然後夾着畫像一溜烟地跑進房間去了。遺留在她後面的是一串銀鈴似的笑聲。

「搗蛋鬼！」田丁被她戲弄之後也只好望着她的背影苦笑。隨後又踅過去看張大他們下棋。

張大和亞牛走的是跳棋，這是他新學會的玩藝，他正在聚精會神地跳着。看樣子他的興趣特濃哩。

文龍和牧野也在下棋，他們下的是圍棋，黑子白子擺了一大片，他們也正聚精會神地注視着彼此的棋眼。

沛然呢？他新買了一隻小提琴，他更是愛不忍釋，他斜倚在柚木柱下閉着眼睛得意地拉着，曼妙的琴聲和着淅淅瀝瀝的雨聲是雨天的二重奏，這兩種聲音的交響自然地給人帶來一種淡淡的憂思。

劉發祥除了做生意之外什麼都沒有興趣，他皺眉苦臉地靠着牆壁坐着，他在默算這種雨要下多久？在這些日子裏他要蒙受多少損失？如果一天以五十塊越幣計算，一個月他就要損失一千五百塊錢了。這種雨最少要下八九十天，其中很少晴天，這樣下來他就要損失四五千了。他馬上忘記了過去那麼多晴天的好處，立刻咀咒起來：

「鬼天！眞是靈人的鬼天！」

亞牛聽見他在怨天，馬上回過頭來看他一眼。他心裏在罵：「這傢伙就只知道要錢！」

現在楊柳又在埋頭繪畫，爲了光線的關係，他把畫架移到門口來了，自己背着光線坐着。他有許多畫稿要完成，硯芬的畫是第一幅，現在他正在畫一幅風景，這幅畫很有紀念意義，他想把富國島保存在他的畫圖中，不讓它從記憶中遺失。

現在田丁在一面看楊柳繪畫，一面欣賞雨景。楊柳的畫和外面的雨在他看來都富有詩意。

硯芬把自己的畫像掛出來了，她一面端詳一面又問文龍：

「文龍，你看掛得怎樣？」

文龍原先沒有注意這幅畫，這下看得清楚了。他連連稱讚：

「楊柳這幅畫畫得眞好！」

牧野現在也看清楚了，他站起來品評地說：

「楊柳的畫，田丁的詩，沛然的小提琴，眞是我們營中三絕。」

「還有你的戲劇哩！」硯芬馬上笑嘻嘻地對牧野說。

「戲劇是綜合藝術，一個人搞不成的。」牧野搖搖頭黯然地說。

「楊柳，我看雨季過後你可以在中山堂舉行一次畫展了。」文龍走過去慫恿楊柳。

「沒有那麼簡單，我也買不起那麼多的材料。」楊柳一面畫一面回答。他想舉行一次畫展起碼得幾十幅畫哩！

「你和沛然合起來舉行一次畫展和音樂演奏不好嗎？再加上田丁的詩朗誦，這不很有意義嗎？」硯芬也慫恿楊柳，同時又望望沛然和田丁。她想大家看平劇話劇地方劇已經看膩了，換換口味大家一定很歡迎的。

「硯芬，妳不是講過詩沒有人欣賞嗎？我看油畫，小提琴也不是通俗藝術啦。」田丁老氣橫秋地說。

你的語氣好像忽然老了十十歲哩！

「這都是大都市的玩藝兒，這要有錢，有閒，還要有修養。在我們營區裡面是不大適合的。」沛然忽然停止拉琴，表示他的意見，他知道營區裡面有百分之八十以上是大兵，還有張大、劉發祥這些人。如果開畫展和音樂演奏會那遠不如來一次雜耍或耍一頓大刀棍棒受他們歡迎，他們對這類玩意兒是有興趣的多了。

「這倒是眞的。」牧野也拉長了臉說。他知道畫展，音樂演奏，詩朗誦在大都市都不太普遍，十年也難得碰上一兩次，這種事實只有在十七八世紀巴黎的沙龍裡舉行才最恰當。

「牧野，你看你們這個地方像不像沙龍？」文龍忽然有所感觸地向牧野說。

「有那麼一點點味兒。」牧野點點頭。他們這兒雖然沒有軟綿綿的沙發，和濃郁的咖啡，可也有詩人、畫家、音樂家，和他這個搞戲劇的。硯芬雖然不是喬治桑，可也是他們這個大圈子裡的一朵奇葩，算得上一絕。文龍雖然是軍人，倒有點書卷氣，加上熱情，豪爽，的確很難得。張大、亞牛會走跳棋也可以點綴點綴，只有劉發祥一身銅臭氣。

「硯芬，我們泡幾杯好茶，炒點花生來剝剝，不也別有風味嗎？」文龍走近硯芬親暱地說。

花生倒有現成的，黃老太太聽說馬上端了一臉盆出來，硯芬隨即忙着拿熱水瓶、茶缸、茶葉、餅乾擺在每人面前泡上一杯。

劉發祥看看有生意可做，馬上高興起來，他還有一些沒有賣掉的芝蔴糖，他想乘這個機會推銷出去，再不賣掉就會慢慢融化了。

「我還有芝蔴糖呢！」他瞇着小眼睛笑着說。

「你想請客嗎？！」文能硯芬故意挑逗他。

「劉發祥眞有這樣大方我就不吃他的。」田丁故意激他一下。

「嘿嘿，小本生意，實在請不起，半賣半送好嗎？」劉發祥瞇着小眼睛狡黠地笑着。他早就計算過了，這批芝蔴糖已經賣了一半，賺了一點錢，現在就是半賣半送也可以撈出本來，這樣他旣可以落得做個人情，又可以得點實惠，只要他們答應他又何樂不爲呢？

亞牛鄙棄地望了他一眼，他想這傢伙眞會做生意。

「好，我們先吃你送的一半再說吧。」田丁伸出一隻手來笑着說。

「你們眞不打算買嗎？」劉發祥映映兩隻小眼睛惶惑地望望大家。

「口袋裡一個子兒都沒有，你要我拿什麼買？」楊柳抬起頭來望着劉發祥說。

「這樣好吧，我先記一筆賬，你們什麼時候拿着錢什麼時候還我都可以，反正是自己人。」劉發祥的話倒講得蠻漂亮的，他生怕這筆生意走了。

就這樣，他們這筆生意成功了。

於是他們有吃有笑。

「花生米和芝蔴糖一道吃眞是其味無窮喔！」田丁又吃又說，他最喜歡吃甜的香的。

楊柳邊吃邊畫，沛然也邊吃邊拉小提琴，文龍硯芬望着他們讚賞地笑着。

外面的雨正在淅淅瀝瀝地下着，椰子樹檳榔樹還在跳着掄擺舞，雲層很低，海面迷濛一片，仍然看不清那是雲層？那是海面？

田丁望着外面的雨景隨口吟哦起來．

那兒是山頭
那兒是海面
那兒是燈塔
那兒是港灣

天和海迷濛一片
富國島呀像一隻雨中的船
分不出它是在雨中停泊

第十四章　海邊垂釣或玳瑁　眾人合力始翻身

經過去年一個雨季和今年連綿的霪雨，他們的營房大部份漏雨了，有的甚至被狂風驟雨吹淋倒了，這使大家又忙了一陣。文龍田丁他們都冒雨搶修，以前他們的營房蓋的是茅草，不能經久，這次他們決定改蓋檳榔葉子，因此都冒雨上山爬樹去砍，經過三四天的工夫，不但把漏雨的地方補好了，而且全部換過，這樣再住三五年都沒有問題了。

這次營房漏雨，文龍田丁他們的東西都打濕了不少，楊柳的畫更是弄得滿紙糊塗，他望着那些濕漉漉的畫布只是搖頭嘆氣：

「完了，完了，心血都白費了！」

「楊柳，不要灰心，再接再勵。」田丁拍拍楊柳的肩頭笑着安慰他。

「楊柳，不要難過，你送我的那張畫還沒有打濕哩。」硯芬也走過來安慰他，她自已的那張畫像她是保存得好好的。

「楊柳，現在沒有下雨，我提議到海邊釣魚去嗎！」文龍把手一招。他歡喜釣魚，這一向又不能出操，現在房子也蓋好了，雨也停了，他很想趁着這個機會釣一次魚，同時冲淡楊柳的懊惱。

文龍的建議馬上得到田丁、牧野、沛然的支持。硯芬更不用說，文龍到那兒她都願意陪着去，雖然她不會釣，玩玩也是好的。楊柳看着那些濕漉漉的蟲心裡很生氣，他索性把它們一揉，往床底下一踢，然後漫應了一聲：

「好吧，到海邊散散步也是好的。」

於是，他們每人都拿了一枝釣竿，和一些魚餌，與高彩烈地跑到海邊去。

「嘿·好久沒有吃到鮮魚，今天非釣幾條不可！」田丁手舞蹈足地說。

「田丁，你總愛開空頭支票，我看你今天也不見得就能釣着？」硯芬馬上向田丁投過一道不信任的眼光。她也老愛找田丁的弱點。田丁喜歡說話，可是做起事來並不能算是頭等角色。他的力氣沒有別人大，連沛然、楊柳、牧野都比不上，自然更不能比文龍了。就以釣魚來說吧，三次他總有兩次打空手。現在他又是沒有賣着香燭先許願，硯芬聽了心裡就覺得不是那麼一回事，說不定這次他還會打空手哩！

「硯芬，我們賭點什麼好嗎？」田丁把頭一歪，向硯芬挑戰地說。

「嘿·誰和你賭？贏了是你的，輸了就不認賬。」硯芬從鼻子裡哼了一聲，她不想再上他的當了。田丁和她賭過幾次，總是她吃虧，這次她決定不幹。

「那麼就請妳把話收回去吧？」田丁抱拳向硯芬一揖，樣子有點滑稽可笑。

「何必呢？留着以觀後效不好嗎？」硯芬迅速地閃動了一下長長的睫毛和烏黑的眼珠，然後又俏皮的一笑。

「好，今天就算釣不着魚，王八我總要捉一隻！」田丁把眉一揚，很自信地說。他還記得以前在家鄉釣魚的時候雖不一定能釣着幾條，但每次總能釣着隻把蝦子和烏龜。尤其是烏龜，常常使他一場空歡喜，起先他總以爲是斤把兩斤重的大魚，但一舉起之後就大失所望，而且牠把鈎子吞進去又弄不出來，不但毫無所獲，反而要損失一個鈎子，所以他恨死了烏龜。他想今天如果再釣不着魚，烏龜總要碰着一隻的，這傢伙並不怎樣稀奇。

「就算你能釣着烏龜也不能吃。」硯芬接着說。

「小硯芬，聽說海裡的烏龜很大哩！」牧野以老大哥的口氣說。他雖然沒有親眼看過海裡的烏龜到底有多大？可是他聽見說過，據說還可以吃哩。

「那恐怕是玳瑁吧？」文龍懷疑地說。

「管牠是烏龜也好，玳瑁也好，只要大，釣起一隻也蠻有意思哩。」楊柳也插嘴說。

「假使眞的碰着一兩百斤重的大王八那不連人都要拖下去嗎？」田丁睜大眼睛望着大家。他想假使眞有這麼大的烏龜那是釣不起來的，如果硬想把牠拖上來恐怕反而會被牠拉下去哩，他可沒有一兩百斤的氣力呀！

「田丁，如果你眞的釣上了我可以帮你的忙呀。」硯芬忘記了剛才的鬬嘴，反而向田丁天眞地笑着。她想如果眞能釣着那才有意思哩。

「阿彌陀佛！」田丁双手合十向硯芬作九十度的鞠躬：「如果妳來帮忙，那一拖下去就是兩個了。」

大家都笑了起來。論體力田丁和硯芬在他們當中是最弱的兩個，加之他們平常又不合作，遇事都愛抬槓，如果他們兩人拉一個大烏龜，那眞可能被烏龜拉下水哩。

「如果釣着了，我看還是讓文龍來拉吧。」牧野審慎地說。

他的話一出口大家都舉手贊成。文龍却笑着說：

「那有這麼巧的事？」

「這年頭巧事兒可多啦，說不定今天我們眞的能釣着哩！」田丁望着海濱興奮地說，彷彿他眞看見了似的。

「釣烏龜不算巧，張義釣金龜才巧哩！」楊柳也眉飛色舞起來。他現在完全忘記了打濕油畫的煩惱了。

「那是戲，哄哄小孩兒可以，那眞有那回事兒？」牧野淡然地一笑。

「說實話，我們眞需要一隻大金龜哩！」楊柳閉起他的單眼皮，像說夢話似的。他損失了那麼多的畫布，現在又沒有錢用，連香烟都沒有的抽，因此他感覺到很需要錢用。他一個人自然用不了那麼多，但沛然實一隻鋼琴可也得十兩萬哪！其他七七八八的用途還多哩！如果以富國島的全部軍兵難民來說，一個大金龜實在算不了什麼。

「楊柳，別作夢吧，能够多釣幾條魚就很不錯了。」文龍用手搭上他的肩膀，輕輕地搖了幾搖。

「如果眞能做一次金龜夢那倒很有意思哩！」田丁的眼睛忽然特別亮起來。他覺得現實太殘酷了，如果能做一場好夢也可以滿足一時的。黃金與美人不是相連的嗎？說不定在夢裡還有一位嬌滴滴的太太哩！花園、洋房、汽車，那是不必提了，他才不願意在這孤島上住茅屋哩！

說着，說着，他們不知不覺地走到海邊了。

沙灘經過連日雨水的冲洗，顯得格外平坦潔淨，踏在上面柔軟舒適得很。硯芬馬上脫掉鞋子赤脚在上面行走，還不時地故意印上幾個明顯的脚印，她的脚非常纖巧白嫩，連沙灘上的印子都極秀美可愛。平常大家只注意到她那双十指纖纖、白淨、柔軟、美麗的双手，現在大家忽然發現她這双同樣美好的脚就更加驚異了。他們不知道造物者爲什麼會這樣鍾愛她？使她有這樣美好的面貌，這樣美好的身材，又有這樣美好的手脚？這眞是一千個一萬個女人當中難得有的一個。

「硯芬，我眞不知道上帝爲什麼會特別看重妳？」田丁注視着她一半讚賞一半開玩笑的說。

「妬嫉嗎？」硯芬把兩條柳眉一揚，睫毛一閃，嘴角一掀，做出一個非常俏皮動人的微笑。隨即用脚跟在沙灘上迅急如風地一旋轉，造成一個很自然而又非美妙的旋舞來。忽然她又停住向田丁說：「上帝可也沒有虧待你呀？」

「我倒很欣賞妳這個上帝的傑作哩！」田丁兩手交叉在胸前，歪着頭注視着硯芬。

「別捧馬屁吧，我可不領你這份情哩！」硯芬吃吃地笑着，一溜烟地向海邊跑去。

「文龍，我眞不知道你幾世修來的這份艷福哩？」楊柳也羨慕地向文龍說。

「哈哈，我也奇怪啦！」文龍張開嘴巴哈哈地大笑着。聲音像山寺裡的古鐘一樣洪亮而富有韻律。

「美人愛英雄自古皆然，一點也不奇怪呀！」牧野一板一眼地說。他看過文龍制服兩個摩洛哥人和那場籃球之後，對文龍的認識就更深了。如果不是文龍，那天硯芬一定要被污辱，那場籃球也一定會輸，硯芬不愛他愛誰呢？愛田丁嗎？愛楊柳嗎？愛沛然嗎？愛他自己嗎？這都是不可能的。他們都不是九州的象徵，都沒有文龍那種男性美和英雄氣質。

「牧野，你這樣說我們不是只配娶個三四流的角色嗎？」田丁奇怪地望着牧野，有點不服氣似的。

「田丁，你看見過有幾個美人嫁詩人、畫家、音樂家、戲劇家呢？」牧野拉長馬臉瀟灑地反問他。

「這樣我們不是完蛋了嗎？」田丁天眞地把手一攤。

「老弟，你又何必灰心呢？反正女人總會有一個的。」牧野笑着拍拍田丁的肩頭。

「[illegible]不知道是她倒楣還是我倒楣哩？」田丁皺皺眉，抓抓後腦殼。

大家都笑了起來。

現在硯芬已經把釣鈎放進水裡去了。文龍、田丁他們也先後放下釣鈎，他們每人相隔大約十幾步遠。

海水很平靜，沒有波浪，氣壓也高，看樣子天會放睛。

如果是江河，下了這麼多天的雨水一定會暴漲起來，可是海很大量，它還是和平常一樣，要是在河裡漲水是釣不着魚的。

「不知道今天誰的運氣最好？」田丁自言自語。他放下釣鈎之後反而躭心起來。

「這很難說。」楊柳隨聲應和，他釣魚也是碰運氣的。

「那自然是田丁哪！」硯芬故意輕描淡寫地說，然後又迅速地咬住下嘴唇，生怕笑出聲來。

「反正[illegible]也輪不到妳。」田丁馬上回嘴，同時把釣竿用力往海中一唰。

「也許[illegible]呢？」硯芬双手抱住膝蓋[illegible]吟哦地說。

「[illegible]如果妳也能釣着魚那我一定生吃。」田丁閉着一隻眼睛望着硯芬。

「眞的嗎？」硯芬迅速地轉過頭來盯着他問。

「誰和妳說假話？」田丁神氣活現地回答。

「楊柳，請你作證：如果我眞的釣着魚，田丁答應吃生的。」硯芬覺得這種賭法對她有利無害，很欣然地請楊柳作證。

「釣不着呢？」田丁又反問她。

「該你狗運氣。」硯芬輕鬆地聳聳肩。

大家釣了半天，除了文龍釣了一條小魚之外再沒有一個人釣着。牧野說恐怕是受霪雨的影響。沛然却怪魚餌不好，沒有一點香味。田丁、楊柳、硯芬都怪運氣不行。

「唉！我們這種運氣，偷鷄都會蝕把米哩！」田丁不安地抖動着釣竿。

「白天也會碰見鬼呀！」楊柳氣得把釣竿往地上一丟，先前那一肚皮氣現在又冒上來了。

「奇怪，我又不是貓，魚兒爲什麼怕我呢？」硯芬也不耐煩地把釣竿移來移去。

「如果妳不來我也許會釣着一兩條的。」田丁向硯芬說着又向楊柳擠眉弄眼的一笑。

「田丁，你別賴死吧！」硯芬連忙瞪他一眼。

「唉！和她在一塊兒我準倒楣。」田丁又故意唉聲嘆氣地搖搖頭。

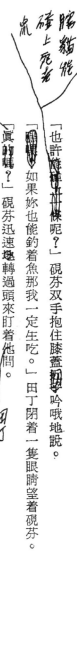

「活該！」硯芬笑着瞪他一眼。

楊柳聽了這些話心裡倒覺愉快，因此輕鬆地笑了起來。

這時田丁忽然把釣竿往地上一摔，大聲大氣地對楊柳說：

「楊柳，替我照顧一下。」

「那兒去？」楊柳奇怪地問。

田丁笑而不答。

「還不是做賊？」硯芬馬上接嘴。

「這可不能告訴妳。」田丁向她做了一個鬼臉，然後迅速地跑開了。

硯芬本能地臉一紅，馬上轉過頭去。她知道田丁是去小便了。

因為有硯芬在，田丁要走遠點廻避一下，他望見前面五十公尺遠的地方有一塊大石頭，他想用它作個屏風，於是一直跑過去。

當他剛一走到那塊石頭旁邊時，忽然大驚小怪地叫起來：

「哎呀！你們來看啊！好大的王八！好大的王八！」

原來他發現一隻大玳瑁躺在石頭旁邊睡覺，看上去總有兩百多斤。當他走近時牠已經發覺，現在他又大驚小怪地叫起來，牠就驚嚇得想跑。田丁看牠四隻脚在動，生怕牠跑掉，他情急智生，馬上伏到牠身上去一把抱住牠。但他的力氣遠不如這隻玳瑁大，牠馬上背着他向海邊迅速地爬，田丁急得又大叫起來！

「你們快來呀！你們快來呀！」

楊柳硯芬離他最近，他們先跑到。楊柳馬上幫着田丁壓着牠。但是玳瑁力氣大得很，牠又背着他們兩個向海邊爬，硯芬看着牠快爬到海邊也急得大叫起來：

「文龍，快來！文龍，快來！」

文龍離他們最遠，他一面跑一面大聲地喊：

「翻過來，快翻過來！」

這時牧野沛然已經趕到，總算合力把這傢伙制服，但大家都不敢放手站起來，生怕牠一下衝到海裡去。文龍趕到後馬上攔着玳瑁的頭，一隻腳跪在地上，兩隻手抓着玳瑁的硬殼，同時對田丁，楊柳他們說：

「我叫一二三四，你們就一齊站起來用力一扳，我在下面用力往上一托，這樣就可以把牠翻過身來。」

當文龍叫到四時大家就一齊動手，一下就把這個大玳瑁翻了過來。

現在牠四腳朝天地掙扎着，但是一步也不能移動，牠的脚抓不着泥沙，只能在空中不停地亂划，有力也無處使，大家看了都好笑。

「唉！我怎麼這樣蠢？早沒想到？」田丁笑着打了一下後腦殼。他想當時他如果不伏到牠身上去而冷不妨地用力一翻，那不是省掉許多力氣嗎？何必這樣勞師動衆呢？

「嗨！我也沒有想到！」楊柳、沛然、牧野三個人也不禁失笑起來。

「嘿嘿！想不到你們四大家還對付不了一個王八？」文龍指着田丁、楊柳、沛然、牧野四個人哈哈嘿嘿捧腹大笑起來。

「嘻嘻！真有意思！我今天看見田丁做王八！」硯芬先是嘻嘻地笑，後來忽然想起田丁伏在玳瑁背上和牠一道爬的怪樣了，又不禁捧手彎腰地大笑起來。

第十五章　落難娟娟懷六甲　天真哥哥得嘴貧

除了那隻大玳瑁使營區轟動一時外，還有一件比玳瑁更轟動的大事，那就是二七二師官兵和一部份游擊隊在大陸和朱毛鬪爭十年之後也進入越南來了。他們進入越南之後在紅河流域還和越盟打了幾仗，他們的師長就是在紅河作戰陣亡的。這次他們也是被法方解除武裝後送來富國島的。

這批人在大陸淪陷時沒有撤退出來，他們的根據地是廣東廣西雲南的山區，因為彈藥服裝糧秣毫無補給，所以當時的情況真是困難惡劣萬分。他們每打一仗在糧秣彈藥方面固然可以得到一點補充，可是自己的伙伴也要犧牲不少。他們十年多的突擊和敵人的「圍剿」先後犧牲了三四千位同志，自然敵人也受到同樣的損失，甚至更大的損失。在這一年多期間他們沒有好好地吃過一頓飯，直到最後他們簡直是以草根樹皮果腹，子彈是打一粒少一粒，衣服完全破爛不堪，最後只好穿老百姓的破爛衣服。敵人也曾經向他們召降過幾次，但他們寧可打死決不投降。最後他們實在熬不下去，只好突圍入越，初到越南時還有兩千人左右，和越盟幾次激戰又損失不少，等到和法軍取得聯絡時就只剩現在這一千一二百人了。

田丁、楊柳、牧野、硯芬他們貼好歡迎標語之後就隨同大家趕到碼頭去歡迎。他們對於這批新來的伙伴有無限的敬意。他們都是一樣不能在自己的國土立足，被迫到這一個海外孤島來。

他們從輪船上一個個地走上碼頭之後大家都熱烈的鼓掌歡迎，同時還有中華小學的兩個小朋友向他們的副師長獻花致敬，黨國高級長官也都走過去和他們熱烈地握手，他們看見自己的同胞們對這番熱情都感動得流下淚來。

來他們穿的都是青藍色的老百姓的短掛短褲，而且東破一塊西補一塊，好多人的肉體都露在外面，比田丁他們初到富國島時還要襤褸得多。他們都沒有戴帽子，頭髮又長又亂，沒有一點光澤，鬍鬚更是千奇百怪，有的滿臉虬鬚；只看見鼻子和眼睛，有的只有那麼稀稀朗朗的幾根，顏色很像浸在水裡的柳樹發出來的嫩黃的鬚根，有的只有三條柳鬚，有的只有下顎上一綹羊鬚。但不論形式怎樣不同，長度都差不多，總在三四寸上下，看樣子他們最少有四五個月沒有理過髮了。他們的形容也憔悴疲憊不堪，臉上看不出有一點肌肉，完全是皮包骨頭，兩頰和眼眶都深陷下去，顴骨高高地突出着，如果不是眼睛還會動，鼻子還會呼吸，那眞有點像從棺材裡拖出來的死屍。

「唉！看樣子他們比我們吃的苦頭還多哩！」田丁非常同情地說。

「可不是？他們身上恐怕還挑不出四兩肉哩！」楊柳也接着說。

「不知道他們是怎樣活過來的？」硯芬很奇怪他們的生命力怎麼這樣堅強？就是一條狗也經不起這麼多的折磨呀！

「人就是這麼奇怪的東西，只要他願意活下去，任何折磨也忍受得住。」牧野拉長的馬臉現在看起來格外嚴肅，他經過入越的那段苦難生活後，對於人類的忍耐抵抗精神產生了一種新的認識。他望着那批活骷髏繼續說下去：「像他們這批人是任何力量也不能使他們屈服的。」

「我想這也就是中華民族的精神。」由于有力地說：

這時那位副師長站在一個最高的石級上開始向歡迎他們的人群致謝詞了，最初只看見他的嘴巴在囁嚅着，但聽不出一句話來，他的眼淚却在那乾枯的眼眶裡滾動，他在極力地忍耐，不讓它流出來。經過一兩分鐘的忍耐掙扎，他才慢慢地吐出一些不太連貫的詞句：

今天我代表我們的同志……感謝……來歡迎我們的諸位同志。我們的同志本來有六七千人，和朱毛打了一年多，又和胡志明打了好幾仗，所以只剩現在這一些人……本來今天應該由我們的師長代表我們向諸位致謝的，但是……但是……三個月前他在紅河陣亡了……雖然我們沒有達到消滅朱毛的志願，但是我們決不向他們投降！

他說到「決不向他們投降」這句話時特別有力，大家馬上報以劈劈拍拍的掌聲，同時還大聲地響應：「我們決不向他們投降！」聲音平靜之後，他又接着講下去：

當然，我們不能向他們投降，大陸上還有四萬萬同胞等待我們去解救，他們沒有得吃，沒有得穿，連話都不敢隨便說，他們天天在被殺害，誰也不知道自己那天死？怎樣死法？我們怎麼能向這樣的敵人投降？……我們不但不能向他們投降，我們還要找機會打回去，消滅那班王八蛋！……

他的話還沒講完大家就叫了起來；

「對！我們要消滅那班王八蛋！」

「現在我們又多了一批同志了！」田丁感動地說。

「是的！這些人是至死不變心的。」牧野、楊柳、沛然他們都這麼說。

硯芬早就感動得流淚了。她看見他們那樣憔悴，像一群破破爛爛的叫化子，不知道他們的歷史，沒聽這位副師長的話的人，有誰知道他們是中華民國的愛國志士呢？

「這才是眞正的愛國者，不是掛羊頭賣狗肉的。」硯芬擦着眼睛說。

「我們就需要這類的同志。」田丁、楊柳他們都異口同聲地說。

那位副師長致完謝詞之後，他們就一個跟着一個向營區行進。他們這些人大都是年輕人，只有極少數的老年人和婦女小孩，這大概是他們的家屬，其中有一個年輕的女人已經懷孕七八個月，她顯得十分疲憊，面貌倒是頂美的，可是瘦得很，臉上沒有一點血色，走一兩步路都很吃力。硯芬看見了馬上走過去攙扶着她，她望着硯芬感激地笑笑，連笑都笑得那麼疲憊無力。

「放心，我會好好地照顧妳的。」硯芬在她耳邊輕輕地說。

她又望着硯芬感激地笑笑，這次她的眼圈發紅了。

他們走得很慢，彷彿脚都提不起來。田丁、楊柳、牧野、沛然他們看見十分走不動的人就自動地去扶攙。其中有一個人實在太疲憊了，剛踏上中山橋就倒栽葱地掉到水裡去了。大家看見這種情形都不自覺地一怔，歡迎的人都尖銳地叫了起來，其中有三四個人跳下水去費了很大的力氣才把他救了起來，但他已經像一個死人了，只是鼻孔裡還有一點微弱如絲的氣息。

他們這批人走過中山橋就費了三十多分鐘，他們也不知道自己的脚是在走動，他們彷彿一群夢遊者一樣地有點恍恍惚惚。

他們走到飛機場，那裡已經搭好了帳蓬，這是文龍指揮三個中隊的弟兄臨時趕搭起來的。

田丁、硯芬他們看見帳蓬已經搭好，先把幾個十分疲憊的人扶進去休息，硯芬更小心地照顧那個孕婦，文龍也想過來帮忙，把軍毯小心地鋪在竹床上，再加上一床臥單，然後硯芬又把她扶着睡下去。

「好好地休息，一切妳都不必躭心，我會替妳準備好的。」硯芬輕輕地對她說。

「謝謝妳。」她很艱難地說出了這三個字，眼淚也隨着滾了下來。

「妳有親人嗎？」硯芬關心地問她。

她搖搖頭，眼淚流得更多，然後又慢慢地吐出幾個字來：

「他和師長同時陣亡了」！

硯芬文龍這才知道她的丈夫死了。後來她又告訴硯芬說，他的丈夫原來是二七二師的少校營長，她和他結婚才兩年，她自己今年二十四歲，她姓梁，名字叫雅琴。

現在開水稀飯都預備好了，這批飢餓的人都坐在地上吃喝，一千多人同時喝開水稀飯馬上發出一陣悉悉嗦嗦的響聲，看樣子他們渴得很，餓得很。

文龍要李旺替梁雅琴弄來了一份，由硯芬照顧她吃喝，她一口氣喝了一盌稀飯，然後感慨地說：

「我們好久沒有喝過這樣好的稀飯了。」

接着她又把在大陸打游擊和進入越南以後的情形簡單地告訴了他們一點。她說他們常常兩三天沒有東西吃，打死的人固然多，餓死病倒的也不少，她說她能拖到富國島來眞是奇蹟，因爲一路來女人小孩死的更多，提不上隊伍丢掉了的就有幾十個，原來有兩百多女眷，現在只剩二十幾個人了。

「現在妳放心好了，這兒雖然比不上家鄉，但我們人多，大家都有個照顧，我會隨時來看妳，妳有什麼困難我會隨時替妳解決的。」硯芬握着她的手親切地說。

「謝謝妳。」她略微坐起一點，望着硯芬慘淡的一笑，她的眼圈有點發紅。

硯芬把梁雅琴料理好之後就和文龍一道離開帳蓬。田丁、楊柳他們也正從帳蓬裡出來，於是他們一道回去。

「想不到他們比我們更苦！」田丁搖搖頭嘆口氣。他剛才也聽見一些悲慘的故事。他肚子裡是留不住話的。

「是的，能夠吃這種苦的都是中華民國的好兒女。」文龍說着又回過頭去望了那批新伙伴一眼。

這批新來的伙伴除了主副食仍由法方供給外，第一管訓處各部隊還按時贈送他們自已生產的蔬菜，自動讓住營房，捐贈衣服，並派理髮兵替他們理髮。第二天晚上還在第四總隊司令臺開了一個盛大的歡迎晚會，由華光劇團上演平劇「陸文龍」，牧野他們上演古裝話劇「臥薪嘗膽」，使他們精神上得到莫大的安慰與鼓勵。

他們這些人理過髮之後樣子完全改觀了。大家的臉都刮得光光的，雖然還是很瘦，但看起來年輕得多了頭髮有的剃得光光的，現出了青灰色的頭皮，有的仍然蓄着，但却剪得很整齊合度。衣服也都換過了，雖然都是舊的，但沒有破，洗得也很乾淨，不再像那套青藍布破衣服那樣骯髒那樣難看了。整個地說，每一個人彷彿年輕了二十歲，彷彿完全變了一個樣子。

小雅琴的頭髮也剪短了，她經過一番梳洗之後顯得更加娟美了。她的臉型稍長，皮膚很細，雖然臉色還很蒼白，但自然地露出一種清秀之氣。她的眼眸非常清澈，像孩子的瞳孔一樣可以照得見人，眉毛又秀又長，兩眉之間的距離却很開濶，鼻樑相當高，只是稍微瘦削一點。嘴吧不大不小，嘴唇稍薄，耳朵長大，但並不厚實，這一部份的膚色尤其晶瑩潔白。從她的面貌可以看出她的性情是沉靜溫柔的。

她的個子只比硯芬稍微矮一點點，以中國女人的身材而論，高矮恰好適中。硯芬的衣服她穿得也很合適，只是腰身小了一點，因爲她已經有七八個月的身孕了。

起先硯芬每天送點日用品和弄好了的雞蛋菜蔬去，她很不好意思這樣麻煩硯芬，總是不要她送。硯芬也怕她一個人寂寞，同時又將生產，爲了照顧方便起見，她和文龍田丁黃老太太他們商量決定把雅琴接來和黃老太太一起住，這樣要方便多了。

雅琴對硯芬這份好意非常感激。自從丈夫陣亡之後她彷彿一葉失去憑依的浮萍，心裡空虛得很，痛苦得很。她又像一隻失去了配偶的孤雁似的，不得不隨着大隊伍輾轉奔竄，在這期間各人都有點自顧不暇，誰也不敢脫離大隊伍一步，她也只好跟着拖，沒有一點安全的感覺，現在來富國島她才有一點安全感了，加之硯芬對她像姊妹般的愛護，她這才重新獲得一點生之樂趣。

雅琴搬過來之後，黃老太太對她很好，文龍丁田他們也時常過來看她，硯芬是一有空就過來陪她談談，她們很談得來，她只比硯芬大幾個月，性情却比硯芬沉靜得多，世故也深一些，這也許是她已經結婚而又經歷了這麼多的痛苦的緣故？硯芬到底還是一個未婚的少女，她還保持着一份少女的熱情，活潑和天眞，同時也沒有雅琴那麼多的痛苦的經驗，雅琴正在新寡的悲戚中，她却有文龍的愛情和田丁楊柳他們的友情培養着她，所以她對人生的痛苦的一面還缺少體驗，她心裡正充滿着快樂。雅琴搬過來之後她又多了一位女友，因此更加快樂，營區裡的婦女雖然不少，但她一直沒有發現一個有雅琴這樣和她合得來的，彷彿雅琴的來是上帝安排給她作女伴的。

文龍田丁他們也很喜歡雅琴，他們覺得她很嫻雅，沒有一點俗氣。如果以花作比，硯芬好像一朵早晨的玫瑰，鮮艷奪目，逗人喜愛；雅琴則像一朵雨後的梨花，慘淡素雅，惹人同情。

現在他們這些人在一起更像一個家庭了，黃老太太是一位慈祥的長者，硯芬和雅琴很像一對姊妹，文龍、田丁、楊柳、牧野、沛然他們就像兄弟輩了。龍芬這個小寶寶現在是更懂事了，見了硯芬文龍就會笑，小手還會打着拍着要他們抱，她算是這個家庭的第三代了。起先雅琴看見她還以為是硯芬生的，後來才知道硯芬還是小姐，她也覺得好笑。現在大家都很愛這個孩子，黃老太太有着祖母般的喜悅，而且是由她一手餵養的，因此更加疼愛。硯芬呢？她是沒有結婚就先嘗着母親的滋味了。孩子看見她就笑，那種天眞可愛的笑眞是無價的珠寶，同時她那兩隻小手又像學飛的鳥兒的翅膀那麼上下搧動着要硯芬抱，硯芬一抱着她就彷彿抱着整個世界，硯芬有一種潛伏的本能的母愛，這種母愛現在已經發揮出來。文龍也很喜愛這個孩子，他也有一種父親般的喜悅，而且因為這個孩子他和硯芬更產生了一種夫妻般的情感，在形式上他們雖然沒有結婚，在情感上却已是到夫妻的地位了，他心裡是非常高興的。田丁、楊柳、沛然、牧野他們都是光桿兒，又都早到了做父親的年齡，在愛情方面他們現在還是一頁空白，因此見了孩子也格外喜愛了。這實在是人類的天性，他們的這種情感也是需要有所寄託的。每當他們感覺到一種大人的寂寞時，他們就會跑到這兒來逗着孩子玩半天，尤其是田丁，當他和龍芬玩的時候他自已也變成一個孩子了。他會做狗叫貓叫，和各種能使孩子發笑的動作，她那種天眞滑稽的樣子不但孩子會笑，大人看見了也會發笑，硯芬常常笑得前撞後仰，她也常常指着田丁向孩子說：「龍芬，叫哥哥，叫田哥哥。」她這樣開玩笑田丁也不以為忤，只是又多了一些鬪嘴的資料，最後大家又是哈哈大笑。雅琴也很愛龍芬，她是快做母親的人了，她看見這孩子長得這樣可愛，因此她常常幻想她未來的孩子是否也如此可愛？是男孩還是女孩？為了紀念她死去的丈夫，她是很希望生個男孩的。

現在雅琴的肚皮更是一天大一天了，她撫摸着自己的肚皮有回憶不盡的情愛和痛苦，每當孩子的小拳頭在自己的肚皮上亂撐亂擂的時候她就會撲簌簌地落淚，是痛苦的淚也是幸福的淚，她和丈夫結婚兩年就只留下這點紀念了。現在他的屍骨也許早已腐爛，但他的血肉却在她肚皮裡日夜成長，她之所以能拖着這條命到富國島來也許正是這個小生命在支持她，鼓勵她，不然她還藉什麼呢！

黃老太太和硯芬對於雅琴的身體特別注意，每天總要弄兩三個鷄蛋或是鴨蛋給她吃，青菜的油也放得多些，她的胃口也很好，在黃老太太和硯芬的照顧之下她的身體一天天好起來了，臉也一天天豐滿了，精力也一天天充沛起來，和剛來富國島的那天完全是兩個樣子了，現在大家看見她心裡都暗自驚嘆她怎麼會有這副好模樣？他們想她在結婚之前一定和硯芬同樣的美麗，動人，經過一年多的折磨她還能保持這麼好的儀態眞是難得，不是麗質天生的人恐怕早已變成殘花敗柳了。

黃老太太看見她這個樣子更加憐愛，她心裡想這麼漂亮的人這麼年青青的就作了寡婦眞太殘酷，老天爲什麼要這樣妬嫉她虐待她呢？她想等她生產之後替她和田丁他們幾個人撮合一下，雖然在富國島上不能結婚，將來到臺灣之後總可以結婚啦！而且在精神上除了孩子之外她還需要另外一種寄託，孩子以後的教育也需要一個男人扶助啦。她把這個意思告訴硯芬時硯芬倒也讚同，不過她認爲這件事要聽其自然，勉強撮合反而不好，因爲雅琴正值新寡創痛正深，短期內不能談這個問題，以後的情形如何那還要看田丁他們的造化了，她頂多只能做做穿針引線的工作。

田丁幾個人對雅琴也都有好感，但還談不上愛，他們認爲在這個時候和她談愛簡直是一種褻瀆，他們對她完全是一種同情與尊敬，此外沒有別的念頭。雅琴對田丁他們也像對文龍一樣，內心裡有一種感激和尊敬，現在她是心如古井，更不會對他們起什麼念頭，她現在所想的是怎樣才能安全地生下自己的孩子？她以前沒有生產過，她沒有臨盆坐褥的經驗，她心裡是很害怕的。

關於生孩子的事文龍田丁他們眞是愛莫能助，硯芬也是一竅不通，雅琴只好請敎黃老太太，她告訴了雅琴許多應該準備的事情，她勸她不要憂愁，應該保持愉快的心情，不要過於勞動，最好散散步，睡睡覺，和硯芬談談天。同時她還替她準備了一些應用的東西，如坐褥的油紙、草紙，小孩子的衣服尿布等等。另外她還關照硯芬文龍請診療所的女護士來檢査了一次胎位，並約定生產時再請她來接生。

黃老太太對雅琴這番敎導也等於向硯芬上了幾小時的生產課程，使她長了不少知識。所以田丁開她的玩笑說：

「硯芬，妳可不要忘了嘛！這套知識將來回到臺灣就大有用處了。」

「那你又有哥哥做了！」硯芬的長睫毛一閃，嘴角一撇，她自己也忍不住笑了起來。

大家却被她這句話逗得笑了，連黃老太太和雅琴也笑了。

「硯芬，我看妳將來生的孩子一定是個大舌頭。」田丁望着她無可奈何的苦笑。

「但願他不像你這個哥哥這樣貧嘴。」硯芬又罵他，然後抿起嘴來笑。

「硯芬，妳怎麼撒起野來了？妳要記住妳還是 Miss ，不是婦人呀！」田丁紅着臉，實在再也想不出其他的話來堵住硯芬了。

「誰叫你討罵呀？」硯芬笑著說，同時白了田丁一眼。

雅琴看見他們像兄弟姊妹般地親暱，她也不自覺地笑了起來，她不再像初來富國島時那麼憂鬱了。

第十六章　海上運動拚文字　異國將軍做人情

文龍他們自從遷到富國島以後就開始了游泳訓練，這和制式教練，戰鬥教練，兵棋演習是同樣列入教育計劃裡面的。現在這種訓練已經賡續一年了，管訓處為了檢討訓練成果，特地舉行了一個海上運動大會。節目有一百公尺，二百公尺，四百公尺，一千五百公尺，和八百公尺接力，另外還有海上持久比賽和童軍隊表演兩個特別節目。

他們這個運動會因為是在海上舉行的，在距離和時間方面自然沒有在游泳池裡那麼正確，好在他們的目的是在鼓勵大家都能游泳，爭取第一，對於時間的紀錄並不太注意。

開幕後先舉行一個海上閱兵節目，一共有三千多人參加，這些人在浩瀚的海面上排成連橫隊營縱隊的隊形，在軍樂悠揚聲中由左向右從司令臺前緩緩游過，一律是自由式，動作是那麼整齊劃一，這種海上分列式比陸上分列式更為壯觀，三千多條人魚在蔚藍的海面劃出一條條白浪，同時發出一種有節奏的卜——卜——卜——的打水聲，這真是一個非常壯大美麗的畫圖，非常優美悅耳的音律，司令臺上的閱兵官和法方來賓以及海灘上的所有觀眾都熱烈鼓掌。

田丁、楊柳、沛然、牧野、硯芬他們都在海灘上觀看，他們不在戰鬪序列之內，也沒有參加過這種集體訓練，不過他們也都能游，牧野和沛然能游四百公尺，楊柳能游三百公尺，田丁和硯芬也能游兩百公尺，因爲游泳的關係他們的身體都好得多了，田丁的胸部過去是狹窄平坦的，排骨型的，現在也有點肌肉，比從前要飽滿好看多了。硯芬的胸部本來就很飽滿的，她有一對高聳的乳房，經過一年的游泳鍛鍊，因此顯得更加健美了。

他們看見文龍那一隊人領先游過早就熱烈地鼓掌了。文龍像龍頭一樣地在前面游着，他在他一中隊人的正前方大約三公尺遠的地方，以後各中隊與各中隊都保持同樣的標識與距離，都是中隊長在前面游着，彷彿領航的船兒一樣。經過三十多分鐘的時間，海上分列式才算完畢，大家對於這一個新奇的閱兵式都覺得很有意思，法國朋友更是張着嘴巴大笑着，他們譽之爲富國島的艦隊。

海上分列式完畢之後，接着就舉行一百公尺，兩百公尺，四百公尺的比賽。游泳池是用船臨時圍起來的，兩端的距離亦擴大爲一百公尺，水道亦多至二十條，這樣使比賽的節目進行得快些，不然三天也不能結束。

田丁、楊柳、牧野、沛然本來不想參加比賽，他們自己知道沒有什麼把握，但文龍和硯芬一再鼓勵，他們也只好報名參加。田丁楊柳參加一百公尺，牧野沛然參加兩百公尺。女性報名的很少，一共只有五位，都是參加一百公尺。硯芬原先也不想參加，但文龍田丁他們硬逼着她報名，她也只好湊上一個，所以女子一百公尺連她在內一共是六個人參加比賽。事先她向文龍田丁他們特別聲明：

「如果輸了你們可別怪我！」

「輸贏沒有什麼關係，就看妳有沒有運動精神。」田丁故意激她。

「輸了算我的，贏了算妳的。這妳總幹吧！」文龍笑着說。

硯芬聽了文龍的話不覺嫣然一笑，她就是擔心失敗，既然失敗了有人認賬，那彷彿不是丟她自己的面子似的，她就覺得輕鬆許多了。至於奪第一第二她是沒有這種打算的。

「我是抱定必輸之心去比賽的，輸了也是丟你們的臉。」她又笑着補充一句。

「如果贏了呢？」田丁睜着眼睛反問她。

「贏了該你們請客！」她馬上理直氣壯地說，隨後又嫣然一笑。

「好吧，我們瞧妳的！」田丁楊柳都異口同聲地說。

報告員接着就報告一百公尺比賽開始，首先是女子一百公尺決賽，因爲一共只有六個人參加，所以沒有預賽和複賽。硯芬聽見報告連忙去換衣服，當報告員第二次報告時她已經換好衣服出來，她站上三號船頭時有點過度緊張，她的身子有點發抖，她回過頭來望望文龍和田丁他們，她希望在他們那裡得到一點勇氣和力量。

「不要緊張，埋頭努力！」文龍向她搖搖手，又做了個埋頭划水的姿勢。

她向他嫵媚地一笑，忽然振作起來。

接着發令員喊了一聲 Ready—，汽槍就拍的一聲響了，硯芬和其他五位女性就撲通幾聲跳了下去。硯芬因爲遲了一步跳水，所以在十公尺時她是第四，二十公尺時她是第三，五十公尺時就是第二了。這時她和第一名相差不過一公尺，文龍、田丁都大喊：「硯芬加油！硯芬加油！」尤其是田丁，他的脖子都掙紅了。硯芬是不是聽見，只有她自己知道，因爲她一下水之後就一直埋着頭游，只間或浮出水面來換口氣。在六十公尺時她已經和第一名並肩齊進了。這時她們競爭得非常激烈，相差始終在一個頭上下，觀衆都熱烈鼓掌。在八十公尺時硯芬就脫穎而出了，她超過那個競爭者有半個身子，此後她更集中一身力量拼命衝刺，抵達終點時她已經領先一公尺五，大家都投以熱烈的掌聲，她自己更是又驚又喜，她馬上跳上一隻交通船划到這邊的更衣室來換衣服，文龍他們都圍着她說笑，還答應她晚上一定請客，她自己也高興得直跳。

「眞想不到我還能拿個第一哩！」她望着大家天眞地笑着。

「早在意料之中哪。」文龍有點老氣橫秋地說。他早知道營區婦女的游泳成績最差，報名參加的也不會有什麼了不起的角色，所以他要硯芬出馬。

「硯芬今天旗開得勝，我們恐怕沒有這種好運道了。」田丁皺皺眉，摸摸後腦殼，他知道男子游泳好手很多，他簡直是濫竽充數，湊湊熱鬧而已。

「眞的，我們恐怕在預賽時就要刮下來！」楊柳、沛然、牧野彼此相視一笑。

「這就要看你們的運動精神了。」文龍把兩手環繞在他們的肩上，向他們笑着說。

「管他的，既然參加了就游到底。」田丁把頭一昂，他頗有逼上梁山的悲壯心情。

「當然，無論怎樣我們也不能中途開小差。」牧野笑着說，楊柳、沛然也會心地一笑。

接着男子一百公尺預賽開始了，田丁在第一組，他首先上場，十八個人都站上了編定的位置，田丁站在第九號船頭上，一聲槍響之後，大家都紛紛下水，在五十公尺時勝負形勢就定了，田丁現在是第十名，文龍、硯芬都大喊加油，但他怎樣也加不上去，到達終點時他是第十六名，剛好是倒數第三，大家都好笑，他自己也好笑。

「喂喂，硯芬第一我第三，成績倒也不錯哩！」他一面擦乾身上的水珠一面解嘲地說。

「本來不錯嘛，能够游到終點就是好的。」文龍拍拍田丁的肩膀，硯芬也接着嘲笑。田丁自己也厚顏地笑了。

楊柳、沛然、牧野也是在預賽中淘汰的，楊柳是第十名，沛然是十二名，牧野是九名，都沒有參加複賽的資格。

文龍參加的是四百公尺和一千五百公尺，在四百公尺預賽和複賽中他都是第一名，在決賽中只拿得第二名，第一名是曾經參加全運的選手，他以一肩之先贏了文龍。文龍雖然沒有奪標，但硯芬、田丁他們還是高興得很，第二名也是有獎的。

一千五百公尺決賽是在下午舉行的，因為報名的一共只有十九個人，還多了一條水道，所以不必預賽複賽，槍聲一響十九個人一齊下水，文龍游的是第八號水道，他因為中午吃了四個荷包蛋又睡了兩個鐘頭的午覺，體力完全恢復了，所以游起來一身輕鬆，一點不顯得吃力。一跳下水就在水底下一口氣鑽了三十公尺。在五十公尺處他就一路領先。在兩百公尺到四百公尺的階段有四個人和他競爭，緊追不捨，相差都不過一兩公尺。在四百公尺到八百公尺這個階段就丟下了兩個，只剩兩個和他競爭，但仍然保持一兩公尺的距離。在八百公尺到一千二百公尺這個階段中又丟下了一個，只剩一個和他競爭了，他們的距離仍然是一兩公尺。到一千三百公尺時文龍就加油了，速度忽然快起來，那個第十號水道的競爭者雖然奮力追趕，但距離漸漸地拉遠了！由兩公尺而三公尺、四公尺、五公尺……到一千四百公尺時就相差三十公尺了。從一千五百公尺起點轉身開始，文龍就埋頭衝刺了，只看見他身後的浪花拖成一條深深的水槽，他的手脚打在水裡發出急促的卜卜的響聲，他像一條鯊魚一樣在水面衝着，這時鼓掌聲叫好聲混成一片，硯芬、田丁他們簡直近於瘋狂了。他抵達終點時第十號水道的競爭者相差有七八十公尺，最後一名竟相差三四百公尺。他一攀着船頭，硯芬、田丁他們就馬上把他拉了上來，硯芬還用一條大毛巾連忙替他擦水，大家都高興得了不得。

一千五百公尺之後接着是海上持久比賽，這種比賽不在快，而在於誰能在海上浮得最久，不管你用自由式也好，蛙式也好，蝶式也好，仰式也好，踹水也好，只要游得久就行。這個節目一共有十二個人參加，有的游了半個鐘頭，有的游了一個鐘頭，有的游了兩個鐘頭，最後有三個人游了三個鐘頭還不疲倦。爲了下面還有一個八百公尺接力和童軍表演，所以大會主席只好請他們起來，他眞不知道他們會在水裡停留十小時還是八小時呢？這三個人的名次不分，獎品也平均分配。

八百公尺是團體對抗，以總隊爲單位，結果是第四總隊第一，三總隊第二，二總隊第三。

童軍表演節目非常精彩，這些孩子們最大的是十六歲，最小的只有八歲，他們都是從大陸帶來的孤兒，都是在戰爭中和父母衝散了的。他們一共有三百多人，平常全部集中管理訓練，今天全體參加表演。他們表演的地點不是在圍着的池裡，而是在浩瀚的海面。他們先後擺成下面四行字：

反共抗俄

復國建國

反攻大陸

還我河山

最後又擺成：

「中華民國萬歲」六個大字。

觀衆看了沒有一個不熱烈鼓掌，歡欣若狂。法國陸軍上校還特別向外事科長說，今天晚上他在陽東市設宴親自款待這些小朋友們。管訓處也決定替他們每人做一套新制服，一双新皮鞋來慰勞他們。

表演完畢之後就頒發獎品，每項節目的前三名都有獎，所獎的東西都是日用品，有的是華僑和法方贈送的，有的是管訓處購買的，都很精緻美觀。

文龍得了一個銀盾，一枝派克51型水筆。硯芬得了一件上好的印度綢鳳蝶花衣料，一双高跟皮鞋。他們兩人高興得很，田丁、楊柳他們也跟着高興，連劉發祥也從人叢中鑽出來又興奮又羨慕地對着他們說：

「你們兩個眞了不得，得了這麼多的獎品！」

「你怎麼也來了？」文龍和硯芬都詫異地問。他們還以為他正在營區裡跑來跑去忙着做生意哩。他們知道他對這類的事兒是毫無興趣的。

「我來賣冰棒汽水的。」劉發祥瞇着兩隻小眼睛笑着說。隨即在木頭箱子裡拿出兩根冰棒向文龍硯芬他們面前一揚：「怎樣？你們也來兩根嗎？」

文龍和硯芬忽然看到劉發祥那個光光的禿頭不禁失笑起來。

第十七章　同桌吃飯如骨肉　憲難深情似海洋

文龍硯芬把獎品領回來之後，黃老太太和雅琴也非常高興。黃老太太還把那個「海上長鯨」的大銀盾端端正正地擺在桌子上，她認為這是無上的光榮。

硯芬一回來就把那双西式高跟鞋穿起來試試，尺寸剛好不大不小，顏色是奶黃的，也很合她的心意，她進入越南之後就沒有穿過這樣的高跟了。那件印度綢鳳蝶花的衣料她也披在身上試了幾下，她心裡高興得很，如果和這双高跟配起來穿那就更雍容華貴，儀態萬千了。

「嘩！這套行頭一穿就很像新娘了。」田丁先走近一步，然後又退後兩步，再搖頭擺腦地說。

「真的，這件衣服這双鞋子結婚時穿最好。」黃老太太也嘖嘖稱讚。

「可惜結婚的禁令還沒有解除哩！」楊柳望着硯芬一半惋惜一半調侃地說。

「不結婚不可以穿嗎？」硯芬一面曼妙地旋轉，同時用眼角輕輕地白了楊柳一眼，然後又突然停住望着大家甜蜜地笑着：「下星期日中華公學的懇親晚會正用得着這件衣料哩！」

硯芬是中華公學懇親晚會的籌備委員之一，而且她還教了女生的舞蹈，預備在晚會裡表演，尤其是她獨出心裁編導的那場蝴蝶舞更需要這樣的衣服，現在既然有了這套料子那不正好嗎？將來結婚時也可以穿哪！現在她所考慮的是怎樣做法！如果做裙子衣服在懇親晚會上的舞蹈自然翩翩如蝶，格外動人，但這種裙子衣服作結婚禮服卻不太適宜，將來結婚時一下子恐怕也買不起這種料子。如果做成旗袍跳蝴蝶舞那自然要遜色得多，這樣就會缺少那種翩翩如蝶的風姿了。但做成旗袍就可以當結婚禮服穿，參加什麼宴會也比較大方些，將來要用的時候不致於臨時東拉西借了。

「硯芬，妳想現在就做嗎？」文龍關心地問。

「嗯，下星期就要穿了。」她向文龍點點頭。

「做什麼式樣呢？」文龍又問。

「為了懇親晚會我想還是做裙子好。」硯芬說着又將身子旋轉了一下。

「唔！」文龍馬上讚賞地點點頭。

「硯芬，算妳狗運氣，撈到一件衣服穿。」田丁聳着肩用手指着硯芬說。他看見硯芬那種得意的樣子彷彿心有未甘似的。

「哦，我倒忘了。」硯芬忽然記起一件什麼事似的向田丁鄭重地說：「田丁，今兒晚上你們還得請我的客哩！」

「嘿嘿！請妳？算了吧！不是我們逼着妳去，妳那有這件衣料得？」田丁斜白她一眼，彷彿沒有那麼一回事兒似的。

「怎麼？你想賴賬？」硯芬走近一步盯着田丁問。

「奇怪，我們不問妳要棉花，妳還向我們要布？妳還沒有向我們道謝哩！」田丁也向硯芬走近一步，兩人幾乎鼻子碰着鼻子。

「田丁，你怎麼講話不算話呀？」硯芬連忙退後一步，望着他那副吊兒郎當的樣子又好氣又好笑。

「奇怪，這話又不是我一個人講的，妳怎麼老是瞪着我問！」田丁故意把手一擺，做出愛理不理的樣子。

硯芬沒有辦法，急着轉問楊柳：

「楊柳，你承認你們講過的話嗎？」

「怎麼？妳還當眞的？話不是講過了就拉倒？」楊柳頑皮地向她翻翻白眼。大家不禁噗哧一笑。

「楊柳，你和田丁都是壞東西，死皮賴臉不認賬。」硯芬瞪了他們兩人一眼，又氣又笑。

「認賬？我才不認這種糊塗賬！」田丁向她把兩手一擺，嘴巴一撇，然後又向楊柳笑起來。

「死不要臉！」硯芬瞪他一眼又罵他一句。

「硯芬，別急，我承認那句話就是了。」牧野站起來以老大哥的口吻說。

「你一個人不成，我一定要田丁楊柳請客。」硯芬笑着向牧野搖搖頭，然後又睜大眼睛瞪着田丁和楊柳。

「好，我也承認那句話就是了。」沛然面團團地笑着。

「你們承認那你們兩人請客好了，我可不出這種冤枉錢的。」田丁向沛然牧野望了一眼，然後又向楊柳走近十步：「楊柳，你願意背這個包袱嗎？」

「嘿嘿！我一個窮光蛋，」楊柳拍拍空空的口袋苦笑着：「他們要請就連我一道請吧，有得吃我總是去的。」

田丁聽了也得意地大笑，他是常常和楊柳採取聯合陣線來對付硯芬的。

「就只你們兩人不要臉，專門張開嘴巴吃別人！」硯芬瞪了他們一眼。她氣田丁楊柳向來不肯請客，別人吃什麼他們可老實不客氣，自動參加。今天這個千載一時的好機會他們又想賴賬，以後就更別想吃他們一丁點兒東西了。

「將來我們結婚時一定請妳吃喜酒。」田丁嬉皮笑臉地說。

「哼！鬼才和你們結婚哩，像你們這樣就該打一輩子光棍。」硯芬從鼻子裡哼了一聲，隨後又不自覺地笑了起來。

「硯芬，妳不能太看扁我們。」楊柳馬上提出抗議：「瞎子也會碰見鬼，總有一天我們會碰上一個！」

「哼哼，別碰破鼻子吧！」硯芬說着又不禁噗哧一笑。田丁楊柳也笑了起來。

「硯芬，我看田丁、楊柳是枯竹子榨不出油來，由我請客好了。」文龍出來打圓場，於是大家皆大歡喜。

「硯芬，你真行，妳這一竹槓可敲到文龍頭上去了！」楊柳向她得意地笑着。

「文龍兄，你請硯芬可也得請我囉？」田丁厚顏地笑着說。

「當然，當然，全體請。」文龍說一句點一下頭，他心裡很高興。「連黃伯母、雅琴、亞牛、張大、劉發祥都在內。」

「嘿嘿！文龍，這樣一來可要把你吃垮啦！」楊柳嘻笑着。他知道文龍也沒有什麼錢，這麼多人到外面吃一次最少也得兩百多塊錢哩！

「不過我要聲明，我們不能到外面去吃，只能在家裡吃克難自助餐。」文龍連忙解釋。「克難」這個新名詞已自臺灣傳到富國島來了，而且變成了一種時髦的口頭禪。所以文龍現在也引用了一下。

「成，成，成！只要有得吃，什麼地方都成！」田丁連連點頭。他饞得很。

怎樣吃？吃些什麼？大家商量了一下。黃老太太提議殺一隻大母鷄，她養鷄的成績很好，又大又肥，除了二十幾隻生蛋的大母鷄以外，她又孵了三四窩小鷄，一共有六十多隻，大的已經有斤把重了。這些鷄她都算好了的，今天文龍請客殺一隻，將來雅琴生產殺兩隻，過中秋過年再殺兩隻，一共才五隻，大小還有八十來隻。中秋以後小鷄又是大鷄了，這樣鷄是有得吃的，蛋還有得賣，大家的伙食就很好了。除了殺一隻鷄之外，文龍還主張到福利社去買幾瓶酒，買點醺魚滷肉。鷄蛋青菜花生自已有的是，這都用不着買的。

決定之後就馬上動手，張大到地裡去拔青菜挖花生，文龍到福利社買滷菜和酒，亞牛殺鷄，黃老太太掌廚，硯芬打雜。田丁、楊柳他們沒有事做，就坐着聊天，有得得吃他們的話就更多了。

三小時之後一切都已齊備，菜統統搬上桌來了。一隻清燉鷄，熱氣騰騰的，香味直往鼻孔裡鑽。一盤滷肉，一盤醺魚，不必嘗味，單看醬紅顏色就够垂涎三尺了。油炸花生米像熟蝦的顏色一般紅，這是一道色香味都好的下酒菜。另外還有炒蛋、白菜、蘿蔔、芹菜、紅燒洋山芋好幾樣，一張桌子擺得滿滿的。硯芬繫着一條白圍裙忙上忙下，倒蠻像一個主婦。

大家坐攏之後黃老太太笑着說：

「你們嚐嚐看，雞有沒有燉爛？」

田丁楊柳聽說馬上拿起筷子老實不客氣地一人夾了一塊胸脯肉往嘴裡一塞，一面嚼又一面說：

「爛！爛！」

「田丁、楊柳，看你們那副饞相！」硯芬馬上笑着罵他們一句。

「我看就是生的他們也能嚼得爛。」文龍笑着說。

「生倒不會生，剛下蛋的雞倒也容易爛。」黃老太太笑吟吟地說。

「硯芬文龍都會冤枉好人，倒是伯母說的公道話。」楊柳嚥下雞肉之後得意地笑着。

「好人？」硯芬的長睫毛一閃，笑着瞪田丁、楊柳一眼：「你們這兩個好吃懶做的好人！」

「好，我們好吃妳不好吃，那妳就別下筷子好了。」田丁一面笑着說一面又把筷子往雞盌裡伸。

硯芬看見田丁這樣胡來又氣又急。她也馬上拿起筷子在盌裡夾，同時笑着警告大家：

「喂！你們再不動手好吃鬼快要搶先了呀！」

於是大家笑着一齊動手。雅琴比較斯文客氣，黃老太太不願意和年輕人爭吃，她們都停着筷子沒動。硯芬眼明手快，她迅速地夾了兩個鷄腿給她們。起先田丁楊柳都瞪着她，以爲她是夾給自己吃，後來看她分給雅琴和黃老太太，兩人都啞然失笑了。

「硯芬，我們沒想到妳的心腸倒蠻好哩！」田丁揶揄地說。

「還會像你那樣壞？」硯芬馬上白他一眼。她心裡真有點氣，胸脯肉都被他和楊柳搶光了，她連翅膀都沒有撈到一個。現在他還說風涼話，她怎麼不惱他。

「文龍兒，你說句公道話，我田丁不過是好吃點，心腸可不壞呀！」田丁望着文龍厚顏地說。

「是呀，我也沒有說你壞呀。」文龍拍拍田丁的背笑着說。他覺得田丁、楊柳蠻天真可愛哩！

「硯芬，怎樣？妳一個人說我壞可不行哪！」田丁示威地望着硯芬。

「文龍一個人說你好也不算數呀！」硯芬很快地回嘴。她想田丁怎麼也不能算好，先前要他請客他賴賬，現在別人請客他又搶菜吃，好人是這樣嗎？

「怎麼不能算數？文龍之外還有我啦。」楊柳指着自己的鼻尖頂硯芬一句。

「你們兩人眞是一個窩裡的貨，都不是好東西！」硯芬用筷子指着他們。

「好，讓我們表決一下好了，看是妳好還是我和楊柳好？」田丁又向她示威。他早就計算好票數了，除了張大、亞牛、劉發祥不算外，還有沛然、牧野、楊柳和他自己。文龍總不好意思投硯芬的票，他和楊柳絕對擁護自己，沛然、牧野站在男性的立場上也應該投他和楊柳的票。硯芬呢？她只有一個人，黃老太太和雅琴可能棄權，這樣他們不是穩操勝算嗎？最少他們有二對一的把握啦。

「好，我們舉手表決！」楊柳馬上附議，同時舉起手來。

「不，不，我不讚成，你們人多！」硯芬急得叫了起來。她看看她們一共才三個人，黃老太太是長者，不會參加舉手的，雅琴新來不久，也不好意思帮她的忙，她一個人怎麼能戰勝許多人呢？

「硯芬，妳早知道如此妳就不該說我們的壞話了。」田丁楊柳都伸過頭去向她勝利地笑着。

大家都好笑，硯芬也只好望着他們笑：

「真是道高一尺，魔高一丈！」

田丁馬上回嘴：

「這叫做德不孤，必有鄰！」

「你們說，好吃算是什麼德呀？」硯芬睜着眼睛望着大家說。

「吃得！」田丁馬上清脆地回答。

大家聽了都噗笑起來。黃老太太笑得前撞後仰。雅琴用手巾蒙着嘴巴吃吃地笑。硯芬也笑彎了腰，俯在桌上抬不起頭來。文龍他們更是哈哈嘿嘿地大笑。

「你們這麼大的人還像小孩兒一樣。」黃老太太止住笑憫憫地說。

「伯母，我們都是光桿兒，沒有結婚的人活一萬歲還是小孩兒。」田丁輕鬆地說。

接着他們又吃酒又猜拳，不到二十分鐘所有的菜都一掃光了。剩下的一點湯湯水水也被田丁、楊柳倒到盌裡去拌飯了。

這一頓飯吃得大家都很快樂。吃完飯之後硯芬一面擦嘴一面邊談笑楊柳和田丁：

「田丁、楊柳，你們吃起菜來吃起飯來就這樣生龍活虎，游起泳來却是兩條死蛇！」

大家聽了都好笑，田丁和楊柳自己也笑了起來。

第十八章　懇親會節目精采
小麻雀肝膽俱全

中華公學懇親會的日期到了。硯芬、田丁、楊柳、沛然他們都是教員，又是籌備委員，所以他們也忙碌起來。

硯芬的那套衣服做起來了，她做的是裙子，式樣很好，腰身很細，胸圍和臀圍頗大，穿起來非常合身，行動時飄飄欲仙，十分動人。她穿起這件衣服眞像一隻大蝴蝶，那一隻隻大大的黑色的鳳蝶印在雪白的印度綢上特別鮮明奪目，穿在他身上也格外玲瓏剔透，富麗堂皇了。

在懇親會中她是最惹人注目的人物。她的衣着、她的風度、她的容貌，使到會的華僑婦女和國軍眷屬黯然失色，擠在中山堂的一千多來賓無論男女都一致認爲她是富國島的一朵奇葩，嘖嘖稱讚。田丁介紹她和生人見面時更開玩笑地說：

「這是我們的皇后。」

經田丁這一宣揚，「富國島皇后」的榮銜就很快地加到她的頭上了。

「田丁，你眞該死！怎麼開我這麼大的玩笑？」硯芬聽見臺下傳說紛紛，覺得怪難爲情，一走進後臺她，就指着田丁罵。

「我的皇后，妳怎麼狗咬呂洞賓不識好人心哪！」田丁睜着眼睛望着她。

「田丁，你再要皇后皇后的我可眞的要生氣了！」硯芬故意嘟起嘴巴來。

「哎呀皇后，小民無罪呀，妳何必生氣呢？」田丁嬉皮笑臉地說。

「該死，你眞該死！」硯芬氣得把脚一頓，隨後反笑了來。

楊柳聽見他們鬪嘴，也走了過來：

「你們爲什麼又在搬嘴弄舌？」

田丁看見楊柳走過來彷彿更有理，他馬上搶着說：

「別人封她皇后，她竟跑來找我的麻煩。楊柳，你看世界上有沒有這種道理？」

楊柳聽了田丁的話馬上替他帮腔：

「硯芬，這就是你的不是了。」

「楊柳，誰請你來當評判的。你怎麼這樣沒頭沒腦亂下評語？」硯芬兩眼直瞪瞪地望着他，她看見楊柳幫腔心裡就好氣。

「怎麼？妳連我也怪起來了？這更是妳的不對了！」楊柳也睜大眼睛望着她。

「去，去，去，我不和你們胡扯了。」硯芬把手一揮，她知道和他們爭辯不會有什麼結果的。但是他們並不聽她的指揮，他們彷彿沒有聽見似的仍然站着不動，反而望着她嬉皮笑臉。她沒有一點辦法，只好一轉來自己去推了。

當她剛一走動牧野又趕來問她：

「硯芬，妳的蝴蝶舞準備好了沒有？」

「已經準備好了，就怕她們怯場。」硯芬向牧野嫣然一笑，然後又問他一句：「你的『還我河山』呢？」

「排是排好了，也是怕他們怯場。」牧野的馬臉有點嚴肅。他很躭心，那些孩子都是沒有演過戲的，今天晚上這麼大的場面，難保他們不怯場哩。

「還我河山」是牧野特爲他們編導的一個獨幕劇，淺顯通俗，臺詞也很簡單，容易演也容易懂。佈景是由楊柳擔任的。田丁的工作最輕鬆，他只擔任報告節目和前臺的一些雜務，名義是前臺主任，實際上他是不管什麼事兒的。

今天的晚會一共有三個節目。一個是沛然指導的歌詠，一共有三個歌，第一個是「我們在富國島上」，第二個是「祖國之戀」，第三個是「反攻大合唱」。歌詞都是田丁作的，曲譜都是沛然配的，他們兩個都在這方面合作得很好。這幾天來沛然天天都在教孩子們練習。另外還有他自己的小提琴演奏，他早晨起來也要練習幾遍。第二個節目是硯芬指導的舞蹈，有南洋土風舞、泰國舞，和她自己編導的蝴蝶舞。第三個節目就是牧野編導的「還我河山」。

「校長來了沒有？」硯芬看看時間不早，來賓快到齊了，還不見校長的影子，因此關心地問。

「早來了，他正在後面背演講詞哩。」牧野笑着說。

「校長也是平時不燒香，臨時抱佛脚。」硯芬的柳眉微微一皺，她覺得這篇講詞早就應該準備好，爲什麼要在開會之前臨時準備呢？

「妳不知道，他已經準備兩三天了。」楊柳[redacted]說。早兩天他就看見他在辦公室背講詞，像小學生背書似的。

「那還不够嗎？」硯芬奇怪地問。

「校長是穩重人，他生怕前言不接後語，其實他早已背得滾瓜爛熟了。」楊柳又補充一句。

「何必受這種洋罪？如果要我背演講詞，校長我也不要幹。」田丁把嘴巴一撇。他寧可化半天時間去想一行詩，要他化一分鐘在這種枯燥無味的事情上他是[redacted]不幹的。

「如果人人都像你，那大總統都沒有人幹了！」硯芬輕輕地白他一眼。

「那種工作本來枯燥無味嘛！」田丁兩手往褲子口袋一塞，兩眼望着天說。

「閣下，有的人天天在那裡想幹還幹不着哩！」楊柳把手往田丁肩上一拍。

歷來改朝換代，天下紛紛，還不是爭的那個位子？」

「眞是天生的俗物！」田丁輕蔑地搖搖頭。

「[redacted]，請你別再雅了，我看還是去把校長請出來吧？」牧野笑着催促田丁。他聽到前面的人聲嘈雜，好像等得不耐煩的樣子。田丁是前臺主任，自然應該管點事兒，由他去請校長那是理所當然的了。

田丁抓抓頭皮實在不想去，但硯芬老是盯着他，在他的臉上打問號，他也只好去了。

校長出來之後懇親晚會隨卽開始。輪到校長致詞時他先咳嗽了幾聲，再說幾句招待不周的客氣話，才慢慢轉入正題：

本校是國軍來富國島以後創辦的，敎員也是國軍派的，他們都是義務職，沒有拿一個錢的薪水。自本校創辦之後，不但解決了國軍子弟的就學問題，更解決了我們華僑子弟的就學問題……現在本校學生的比例是華僑子弟佔百分之七十一，國軍子弟佔百分之二十九，國軍子弟中有初中程度的，有小學程度的，華僑子弟都是小學程度，所以我們採取的是初中小學混合制。年齡方面最大的是十六歲，最小的是六歲，平均年齡是十歲。學生的成績一般地說都很好，其中還發現了幾個天才兒童。最難得的是華僑子弟最初只會講廣東話、福建話、和越南話，現在都會講國語了。這可以說是本校敎育最成功的地方統一語言！……關於本校今後的一切措施還希望諸位家長多督促指導。國軍對我們的督促指導我們是永遠感激的。我們的學生，尤其是僑胞子弟也永遠不會忘記這種培育大功，這種影響將來是無法估計的。……

校長致詞完畢之後接着是家長代表致詞，這位代表是個華僑商人，他只能講生硬的廣東話，他對學校辦理成績讚揚備至。他說他沒有讀什麼書，感覺得非常痛苦，現在自己的兒女能好好地在學校唸書他心裡很高興。以前的華僑子弟都是一字不識的，因爲沒有中國學校，有錢的人就把子弟送到西貢法國學校或是越南學校唸書，他們在學校裡既受欺侮，就是讀了幾年書也不認識中國字，所以他對國軍創辦這個學校非常感激。

「我非常感激，非常感激。」他就用這兩句話結束了他的致詞。

家長致詞完畢之後田丁就出來報告節目，大家聽了很是高興，彼此有說有笑，不像先前那麼嚴肅了。

開始時是歌詠，沛然拿着指揮棍子領着四位男生兩位女生走上臺來。他向臺下的人一鞠躬之後就指揮學生唱「我們在富國島上」，這個歌把他們在富國島上的生活心情都表現了出來。唱完之後就有人鼓掌，接着他又指揮他們唱「祖國之戀」，這隻歌充分地表現出祖國河山的優美，氣魄的雄渾，和他們內心裡深深的懷念。大家聽了都嚮往不已，有的人還暗暗地流淚。「唱反攻大合唱」時又加了四個男生，兩個女生，這支歌雄壯而急促，悲憤昂揚兼而有之，大家的心情爲之一振。唱完後掌聲不絕。最後是沛然的小提琴演奏，他拉的是羅拔修曼的一支名曲，拉得很好，但聽衆的水準不高，能欣賞的人却很少。雖然拉完時大家還是照樣鼓掌，但這是一種習慣性的動作，並不是眞正能欣賞。

這之後就是舞蹈，南洋土風舞和泰國舞硯芬都沒有出場，是由幾位女生表演的。這兩種舞國軍子弟家長都沒有看過，覺得很新奇，饒感興趣。華僑子弟家長都看過很多次，反應不太熱烈。到最後一場蝴蝶舞時場面就完全不同了。佈景燈光都是楊柳精心設計的，充分地表現出一種畫面美。同時沛然還在後臺配音，起舞之前一陣優美的音樂旋律，就能引人進入一種縹緲的夢境。硯芬一出臺燈光突然一亮，臺下的觀衆馬上熱烈的鼓掌，劈劈拍拍之聲不絕於耳，她一再鞠躬掌聲還是不停，後來一邊走出五個十三四歲的活潑美麗的女孩子才把吸引力漸漸分散。這六位女生都是經過嚴格挑選的，聰明，活潑，美麗兼而有之。衣服也是她精心設計的，和她自己的顏色花樣一樣。起舞時臺上所有的燈光突然熄滅，另從高處射下來一種圓形的綠色的燈光馬上集中在她們身上，她們跳到什麼地方燈光就移到什麼地方，而且隨着舞姿情節的變化燈光的顏色也跟着變換，一會兒翠綠，一會兒桃紅，一會兒紫，一會兒黃，以表示蝴蝶停留或飛翔於各種花朵之上。她們跳的隊形也根據花朵的情狀而變換，一會兒是十字形狀，一會兒又是漏斗形狀，女生們都像花冠，硯芬却像花蕊，她的芭蕾舞姿更令人叫絕。她之所以有這麼精湛的舞藝完全是做學生時代打的基礎，在中學時她是一個舞迷，在大學時就是一位舞后了，後來進入社會爲了交際應酬她也時常進出舞廳，入越之後她久已不彈此調，這次她算是找着機會了。

這場蝴蝶舞大約表演了十五分鐘，舞藝、燈光、音樂都屬上乘，這是硯芬、沛然、楊柳合作的成績，硯芬雖是富麗的牡丹，楊柳沛然却盡了綠葉扶持之功。在富國島能有這種眼福眞不容易，所以舞完之後來賓還一再要求她繼續表演。

「還我河山」的演出效果也不壞，這是一幕富有宣傳教育意義的話劇，大家都能接受，學生們在牧野的精心導演之下雖未百分之百的成功，但沒有鬧笑話，這也是很難得的。

晚會結束之後家長們是盡歡而散。硯芬、田丁、楊柳、沛然、牧野他們的心裡也很高興，因爲這完全是他們幾個人搞出來的。文龍等晚會一結束就跑上後臺去看他們，和他們一見面他就笑着說：

「你們今天的演出十分成功，[illegible]」

「一切光榮歸於皐后。」田丁也笑着說。

「誰是皐后？」文龍睜着眼睛莫明其妙地望着田丁。

「喏，就是你這位跳蝴蝶舞的皇后呀！」由可弓着身子向硯芬把右手一伸，嘴巴一歪。文龍也高興地笑了起來。

硯芬因爲今夜表演的成功，她也望着文龍由可他們笑了。

第十九章　相濡以沫窮湊奐　初爲人母淚輕彈

雅琴終於生產了，生的是一個男孩，正如她所期望的一樣。這是她第一次作母親，她自然高興，但因爲孩子一出世就沒有父親，在興奮中仍然難免一陣感傷，所以當孩子一落地時她的眼淚也涔涔而下了。

黃老太太很高興，雅琴產前很多事情都是她準備的，生產以後她就更忙了，當孩子下地時她就端了一盌荷包蛋給雅琴吃，給她補充元氣，以後又照顧她睡下，包裹孩子，洗滌血汚的東西。雖然這樣忙她還是笑吟吟的。

硯芬呢？她更高興。雅琴來富國島時身體那麼衰弱，又那麼憂鬱，經她熱忱的安慰和關顧，她的身體已經好多了，心情也不再那麼憂鬱了。她的健康、她的快樂，多半是她熱忱努力的成果，現在又生了這麼一個可愛的男孩，她心裡也很快樂，而且她和雅琴已經像姊妹般地親熱了。雅琴這次生產，她也和黃老太太同樣很忙碌，助產士是她請來的，開水是她燒的，此外她又幫黃老太太做了許多雜事，而更重要的是在緊要關頭時她總在雅琴的身邊。雅琴因爲是初產，時間較長，一方面忍受不了那種痛苦，一方面心裡又很害怕，硯芬總是握着她的手輕聲地安慰她，同時用毛巾替她不停地揩汗，因爲雅琴陣痛時汗就像黃豆般一顆顆地從額上爆出來，身上也濕透了，孩子落地之後她也好像輕鬆了許多。

文龍、田丁他們聽了雅琴生了一個男孩都很高興地跑來向她道賀。雅琴對於他們這種盛情感激得很。她來富國島之後他們就一直熱心地關照着，使她得到如許溫暖，減少了身世飄零的感覺。她和他們生活在一起也好像年輕了幾歲，現在他們又來向她道賀她彷彿忘記了生產的痛苦，她向他們感激地愉快地笑笑。

「謝謝你們，謝謝你們」

「硯芬，恭喜妳也做姨媽了。」田丁笑瞇瞇地兩手抱拳向硯芬滑稽地揖了幾揖。

「羨慕嗎？」硯芬把頭微微一偏，眉一揚，向田丁俏皮地一笑。

「真好福氣。」田丁又向她揖揖。

「我說你們彼此一樣，硯芬作了姨媽，你們也是伯伯了。」黃老太太笑吟吟地說。她兩隻眼角的皺紋顯得更多更擁擠了。

「伯母，恭喜您也做婆婆了。」田丁連忙轉過身來招呼黃老太太。他對黃老太太健康的身體，樂觀的性格，慈善的心腸，非常敬愛。如果沒有她雅琴這次生產一定沒有這麼順利，他們也享受不到天倫般的樂趣

「這真是天外飛來的福氣呀！我也有一對孫兒孫女了。」黃老太太一臉喜氣，她額上幾條不太明顯的皺紋現在忽然失蹤了。她家裡本來有一對孫兒孫女的，大的六歲，小的四歲，她看成一對活寶似的，可惜逃難時衝散了。初到越南時她心裡非常想念他們，後來文龍硯芬揀了龍芬同來她才稍微得到一點安慰，現在雅琴

又生了一個男孩，剛好是一對。因此她更快樂了。她眞沒有想到還有這種福氣哩。

「伯母，假使我們這些人都結了婚，您這個婆婆就有得做了。」田丁指着文龍、硯芬、楊柳、沛然、牧野笑着說。

「我倒希望眞有那一天哩！」黃老太太的眼睛笑得瞇成一條縫了。

「伯母，那您很要吵暈頭了。」文龍硯芬都望着她笑。他們想這兩個孩子已經够她麻煩了。

「我們老年人就怕寂寞，孩子多正是晚年的樂事。」黃老太太說着就把龍芬抱了起來。

「伯母，您眞是一位福星，沒有您我們就沒有現在這種快樂。」硯芬訥訥地說。

黃老太太望着硯芬慈愛地一笑。

這時雅琴的孩子忽然張開小嘴巴哭了，哭聲勻均而緩和，不是那麼大聲哇叫的，這也許是像他母親那種溫柔沉靜的性格吧？雅琴聽見孩子哭就伸手去抱，但黃老太太和硯芬早已跑過去了。黃老太太把龍芬交給硯芬再去抱雅琴的孩子。說也奇怪，這孩子經黃老太太一抱就不哭了。這一來黃老太太也樂了，她索性抱給大家看看。

孩子因爲出生才幾個鐘頭，皮膚還是紅紅的，眼睛也睜不開，看樣子有一半像他母親，尤其是那瘦瘦的鼻子。嘴也許是因爲生下來不久的關係，顯得相當大，額角髮際很高，眉毛還不明顯，只有那麼淡淡的黃黃的兩條痕跡，耳朵也不算小，很像他母親的。整個地說來相貌很端正，絕不是鬼頭怪腦的樣子。

「這孩子生得蠻不錯哩！」文龍左邊看看，右邊看看，然後十分讚賞地說。

「當然不錯，有這樣好的母親還會生出醜兒子嗎！」硯芬眉飛色舞地說笑，彷彿這這孩子是她自己生的。

「奇怪，我們的下一代都比我們生得好哩！」田丁覺得這孩子長得很不錯，龍芬的長相也很好，似乎比他們幾個人還強哩。

「一代勝一代，國家才有辦法呀！」黃老太太大聲地笑着。

「這孩子受够了苦難，希望他有一個很好的未來。」雅琴慘淡地說。

「假如他還像我們這樣，那中國也就完蛋了！」田丁聳聳肩，兩手一攤。他對於自己吃了這麼多的苦好像不太甘心。

「田丁，爲了下一代，所以我們要好好地幹哪！」文龍走過去拍拍田丁的肩膀。他向來不怨天不尤人，他只知道盡自己的責任，該他幹的他就幹，不該他幹的他也願意幹，幹好了他就覺得快樂輕鬆。像龍芬這孩子本來是別人生的丟的，他也揀回來撫養。像黃老太太和李旺他也沒有什麼責任，可是他也把他們帶在身邊，並且很好的看待。雅琴的搬過來他也是主張最力的。他待部下也好，眞正做到同甘苦共患難，所以在任何情形下他的部隊都不容易打垮。硯芬之所以愛他這實在是一個很大的原因。

「都像你這樣，那我們也不會到富國島來了。」田丁回過頭來向文龍愛戴地一笑。

「田丁，都像你這樣，那老樹也會開花了。」硯芬笑着揷進一句。

「都像他這樣，世界就不會有戰爭了。」文龍也笑着說。他知道田丁討厭戰爭，也不願意和人家打架吵鬧，殺人的事他是談都不願意談的，到現在他還不會開槍哩！無論什麼人見了槍都歡喜歡玩弄幾下，甚至偷幾顆子彈出去打打，田丁却摸都不願意摸一下，彷彿那是禍根似的。

「都像我這樣，連王八都抓不住，那有什麼鬼用呢？」田丁連忙搖手，自己先笑了起來。

文龍硯芬想起那天田丁伏在玳瑁背上的情形也都笑了。雅琴不知道他們爲什麼發笑？經硯芬一番解釋她也輕輕地笑了。

「我和田丁就是這些地方差勁。」楊柳搖搖頭說。

「你們是詩人、畫家，你們抓住的是一切事物的意象，不是本體，一抓住本體那就不藝術了。」文龍向田丁、楊柳友愛地笑着。他很瞭解他們，他知道他們和現實是有點距離的。

當他們談話時，黃老太太就悄悄地把孩子抱到雅琴身邊去，雅琴笑着連忙接住他，同時在他的小臉上輕輕地一吻。大家看見都相視一笑。

「母愛眞是人類最偉大的愛。」田丁輕輕地讚美。他看見過很多跎子、跛子、瞎子、癩痢這類的醜孩子，別人都討厭他們，欺侮他們，而他們的母親還是照樣地愛他們。雅琴這孩子雖然生得不錯，可是現在眼睛都睜不開，什麼也不懂，她就這樣愛他，不很奇怪嗎？

「田丁，你應該說母愛是一切動物最偉大的愛。」楊柳馬上修正田丁的話。他知道不僅人類如此，牛、羊、猪、狗、貓、都是這樣。牠們的兒女一出生牠們就用嘴去吻，用舌去舐，這不是和人類的愛同樣偉大嗎？甚至雞和番鴨也同樣地愛護牠們的子女哩！平常牠們會把翅膀張開來讓子女們躲到自己的肚皮底下去取暖，一遇到敵人就會奮不顧身地去搏鬪，以保護子女的安全，這和人類有什麼不同呢？人和畜牲相同的地方大概就是這類與生俱來的情感吧？楊柳曾經畫過一幅「母與子」的油畫，他就是有感於一隻母狗對於子女們的濃厚的愛情而畫的。

「假如沒有母愛，一切動物可能死絕。」文龍也插進一句。

「要不是為了這孩子，我是沒有力量拖到富國島的。」雅琴向他們悽然一笑，隨即又在孩子的小臉上吻了一下。

大家想起她剛到富國島那天那種衰弱疲憊的情形，不禁對她油然生敬。

「妳真是一位偉大的母親。」田丁感動地說。

「田先生，所有的母親都和我一樣嘛。」她聽了田丁的話，彷彿得到一種至高的獎勵，她不由的臉上馬上浮起一絲安慰的微笑，這種笑真是世界上最真、最善、最美的笑。

第二十章　富國島寄人籬下　中秋節喜上眉梢

日子過得很快，中秋節又到了。

這是他們來富國島後的第二個中秋，去年那個中秋國際局勢很不明朗，他們的環境和待遇也沒有改善。大家的心情都很惡劣，這麼一個佳節就那麼冷冷清清地溜過去了。

今年的情形就大不相同了。一方面是國際局勢已經好轉，臺灣不再孤立，而且日益壯大，他們的精神也有所寄託，復國的希望也一天濃厚一天。另一方面他們的物質生活也已大大的改善，法方的供應比從前好了，他們自已生產的成績更爲可觀，除了主食仍須仰賴法方的供應外，副食完全可以自給了。蔬菜、蕃薯、洋芋、花生都是大批的出產，而且還常有豬肉鷄鴨吃，這都是他們自己養的，不用化一個錢。因此他們的體重都有增加，已經很够健康的標準了。所以今年這個中秋他們準備大吃大喝狂歡一頓。

一清早起來，就聽見豬的尖叫，連續不斷，鷄鴨也同樣地遭殃，垃圾桶裡堆滿了鷄毛鴨毛，有的人爲了抓回跑掉的鷄鴨，還到處追得鷄飛狗跳。

張大和亞牛昨天上午就在地裡挖了不少花生、蕃薯、洋山芋回來，房子裡東一堆，西一堆，彷彿鄉下收穫季節似的。下午還趕了兩條肥豬到陽東市去賣，兩條豬共有三百二十多斤，毛豬每斤越幣七塊五，一共賣了二千四百塊錢，除了還公家的借款外，還剩五六百塊錢，他們又買了四隻小豬回來飼養，大家高興得了不得。

今天一清早起來他們又忙個不停，黃老太太忙着燒水，張大和亞牛忙着殺豬殺鷄殺鴨，鷄和鴨黃老太太一高興決定殺雙份，豬是一隻百來斤重的，他們有二十來斤肉就够吃的，其餘的肉都賣給管訓處，因爲管訓處今天要大宴官兵，需要的肉很多。

一到中午全營區就洋溢着一片猜拳聲，「八馬、七巧、寶一對、滿堂……」之聲簡直吵麻了耳朵，弟兄們都大吃大喝，酒醉飯飽。有的人喝得歪歪倒倒，叫叫唱唱。

文龍、硯芬、田丁他們參加中午的大聚餐之後，夜晚就到黃老太太這邊來吃團圓飯。黃老太太高興得有說有笑。雅琴的臉上也堆着愉快的笑容，她生產已經十多天了，由於黃老太太硯芬的細心照顧調養，她比產前胖多了，臉上的氣色很好，已經徹徹底地透露出一種[illegible]。以前因為懷着孩子大家不知道她的腰身到底怎樣？現在她和硯芬立在一塊簡直是同樣的窈窕，同樣的綽約多姿。因為她是初產，腹部的肌肉收縮得很快，加之她的小腹原來就小，所以腰圍很細，看慣了她的大肚皮忽然看見這種細腰就更覺得好看了。大家看見她這樣快就恢復健康心裡都很高興，硯芬是尤其高興，她一來就挽着她說說笑笑，親熱得很，彷彿三年沒見面似的。

文龍看見屋子裡堆了這麼多的蕃薯、花生、洋山芋就高興地拍拍張大和亞牛的肩膀，因為這都是他們兩人努力的成果。當他們把賣猪的錢交給文龍請他歸還公家，和他知道張大亞牛又買了四隻小猪回來時，他就更高興了。

「嘿，你們這樣幹下去就很可以積點錢了。」文龍拍着他們的肩膀大聲地說笑。

「積錢我倒沒有想過，不過這樣幹下去就不愁餓肚皮了。」亞牛粗聲粗氣地說。

「有吃有用那就[illegible]。」張大咧開嘴巴笑嘻嘻地笑着。

「張大，現在你覺得滿意嗎？」文龍笑着問他。

「我張大是種莊稼的，有飯吃，有衣穿，有地種就很好了，難道還想做皇帝嗎？」張大向文龍笑嘻嘻地點點頭，又咧開一嘴黃牙嘻嘻地笑着。

張大是農人，他不像劉發祥那麼重視金錢，他沒有發大財的希望；也不像亞牛那麼沒有金錢觀念，有飯吃，有零錢用，有衣穿，他的願望就很滿足了。他平常就很節省，沒有什麼嗜好，不吸烟，不喝酒，甚至不買牙刷牙膏，他沒有漱口刷牙的習慣，早晨起來用水在嘴裡咕嚕幾下就算漱了口，頂多用毛巾或食指在牙齒上擦幾下就算刷了牙，他唯一的消耗就是買洗臉手巾，而這又是向劉發祥買那種最廉價的，不用得稀爛他也決不再買。因此別人每月發的津貼不够用，他每月發的二十塊錢還用不了，多餘的他就積起來向劉發祥買點粗布，再請黃老太太替他縫兩套衣服，所以現在他穿得也不太難看了。現在他有飯吃，有衣穿，又有地種，他對目前的生活是相當滿意的了。他也不會像文龍、田丁、硯芬想得那麼多，他沒有他們那種快樂，也沒有他們那種煩惱，他不知道許多國家大事，也沒有文龍他們那麼重的責任感，他覺得他來到世界上唯的責任是種地，像劉發祥正只管做生意一樣，此外他沒有什麼幻想。

「張大，你沒有別的希望嗎？」文龍又笑着問他。

「我很想買一條牛。」張大囁嚅地說。他想假使有一條牛他就可以種更多的地，收穫的東西也一定更多了。

「張大，你眞想在富國島住一輩子嗎？」亞牛咧開大嘴巴向他笑。他覺得這種想法眞有點可笑，他比張大的思想開通得多，他是不願意長久住在別人的國土的。

「還能回家嗎？」張大睜大眼睛張着嘴巴問。他初到越南時是天天想家的，夜晚還會偷偷地哭泣，後來他聽說他們已經變成俘虜，現在到富國島又一年多了，簡直看不出一點可以回家的跡象，有地種之後他就索性不去想它了！他以爲這是不可能的，共產黨不讓你回去，法國人又不放你走，那怎麼能回去呢？

「張大，現在你好好地種地，慢慢地我們總會回去的。」文龍又笑着拍拍他的肩頭。

「我不種地還會閒着嗎？」張大又咧開嘴巴望着文龍笑着。他是不能閒着的，他一閒下來人都會生病，他不種地作什麼呢？

「張大，你不種地我們今天就沒有這麼多的東西吃了。」硯芬指着一堆堆的蕃薯、花生、洋山芋向大家笑着說。

「我張大沒有別的用處，就只會扒扒土吧。」張大又咧開嘴向硯芬笑。

這一向來種地的主要工作是由張大、亞牛擔任，文龍他們有本身的工作，不能時刻照顧，只抽空去看看。他們這個湊合起來的家庭平時的家務也多半是由黃老太太和他們兩人料理的。今天這個中秋節也是由他們預備的，他們是這個家庭中不可缺少的成員哩。

「張大，你的用處比我大得多啦！」田丁向他翹起大姆指說。

「好說，我張大怎能比你田先生呢？」張大受寵若驚似地望着田丁。他對他們謙虛得很，他知道他們唸過很多書，有一肚皮的學問，他自己是籮筐大的字也認不得幾個，他怎能比他們呢。

「張大，以後你別再客氣了，你一點也不比我們差，你有用得很哩！」硯芬笑着鼓勵他。她和文龍總是想讓他知道他自己也和別人同樣的重要。張大初和他們在一起時是怯生生的，彷彿他們都是丈二金剛，他自己是三尺童子似的。現在已經好多了，他覺得他和他們的感情已經很好了，就是沒有他們聰明，懂的東西總沒有他們多，這是他認為最遺憾的。關於這一點他認為除非重新投過娘胎是沒有辦法補救的了。

張大望着硯芬文龍感激地惶惑地笑笑。他心裡在想：「我真不比他們差嗎？我真有用得很嗎？」該不是哄我吧！」

他們說着說着黃老太太的飯菜已經準備好了，她笑着催他們開飯，大家這才覺得過意不去，連忙七嘴八舌地慰問一番。硯芬硬把她按在椅子上坐下來，同時嫵媚地對着她的臉上說：

「您老人家休息一下，就享這麼一會兒福，現在一切都由我來料理好了。」

黃老太太拗不過硯芬，也樂得坐了下來，她覺得硯芬還像小孩兒樣天真可愛，她望着她慈祥地笑了：

「好吧，你去端菜，我來抱抱龍芬。」

黃老太太隨即把龍芬抱在手裡，這孩子現在有六七個月，更懂事更可愛了。黃老太太一把她抱起來她就樂得笑了，同時還在她手上蹦蹦跳跳。文龍看見她這樣活潑可愛馬上高興地向她拍拍手：

「龍芬，爸爸抱，爸爸抱！」

她看見文龍向她拍手也連忙把手張開向他撲過來。文龍先在她臉上吻了一下就抱了起來，她又高興得蹦蹦跳跳了。

硯芬端菜出來時看見她在文龍手裡蹦蹦跳跳也連忙把菜放到桌子上向她拍拍手：

「龍芬，媽媽抱，媽媽抱！」

她又向硯芬伸手撲過去，硯芬並沒有抱她，只在臉上吻了一下又轉身到廚房去端菜。這下她可生氣了，她馬上哇的一聲哭了出來，硯芬連忙回轉身來抱着她，同時哦哦起來，一下子她就笑了，兩顆晶瑩的淚珠還停留在眼睛下面沒有滾下來，大家都開心地笑了。

「奇怪，這麼小的人就有這麼多的心眼兒。」硯芬抱着她邊抖邊笑地說。

「現在世界變了，小孩兒也不簡單。」黃老太太也笑着說。

「假使她將來知道她父母一生下地就把她丟了她真會恨死他們哩！」硯芬望着龍芬笑着說。

「何必讓她知道呢？妳現在不很像她的媽媽嗎？」田丁接着說。

「真的，硯芬現在很像一個母親了。」楊柳也接着說。

硯芬不再以爲忤，她也開心地笑了，因爲她和龍芬已經建立起母女般的情感了。

現在雅琴已經把菜擺好了，飯也端了出來，於是大家自動地圍着桌子坐下，只留着上面三個位子讓黃老太太和硯芬雅琴去坐。硯芬和黃老太太都沒有什麼推辭，只有雅琴覺得不大好意思，硯芬把她往黃老太太右邊的櫈子上一按，她也只好望着硯芬笑笑坐了下來。硯芬隨即抱着龍芬在黃老太太左邊的櫈子上坐下來。

大家坐定之後，文龍首先舉起杯子向黃老太太敬酒：

「伯母，您太辛苦了，我先敬您一杯，祝您多福多壽。」

黃老太太正想要文龍不必多禮，但文龍已經先把一杯子酒一飲而盡了，她也只好跟着喝了一口。

隨後大家又接二連三地要敬酒，黃老太太不答應，她笑着向大家說：

「我們一家人不必多禮，來，我陪你們喝一杯。」

接着她就舉起杯子，大家也跟着舉起杯子，她先喝了一口，大家也跟着喝了一口。

此後是你敬我一杯，我敬你一杯。他們這些人中只有文龍和田丁的酒量最大，硯芬和黃老太太也不錯，雅琴不知道是眞不能喝酒還是留量，許多人中只有她喝得最少。

菜是滿滿的一桌，只吃了一半，不像上次那樣吃個精光。

「田丁、楊柳，今天這樣多的菜你們怎麼不吃呀？」硯芬指着桌上的菜笑着問他們。上次他們那副饞相她想想還好笑。

田丁、楊柳都摸摸肚皮，輕輕地拍了兩下，田丁馬上站了起來：

「唉，實在裝不下了。」

菜留着一大半，飯簡直沒有動，只有黃老太太和雅琴吃了一點點，其餘的人是一粒未進。

吃完飯之後大家就把桌子櫈子搬到外面去賞月，黃老太太除了煮了許多鹽水花生之外還買了一些香蕉菠蘿之類的熱帶水菓，這些東西她一方面是買來供月，一方面也是買給大家吃的。

「我先說明，供了月之後你們才能動手。」黃老太太捧着一堆水菓笑吟吟地說。

「伯母，沒有您的命令，我決不敢亂動。」田丁也笑嘻嘻地說。

今夜天上沒有一片雲，月色特別好，它像一隻大的發光的玉盤慢慢地從平靜的海面上浮起來，又慢慢地貼在蔚藍的天幕上。他們在富國島過這個中秋眞有「海上生明月，天涯共此時」的感覺。

這時中山堂的中秋同樂晚會已經開始了，親親康康的鑼鼓聲響得正起勁，今夜的戲是「嫦娥奔月」。張大、亞牛、劉發祥他們不想賞月，都趕着去看平劇了。尤其是張大，只要聽見鑼鼓一響他就坐不住，以前他不懂平劇，現在看得多了，已經變成一個戲迷了。

愛賞月的人都不去看戲，有的在月光下的草地上散步，有的在下棋，有的在玩撲克，有的吃花生米猜拳，有的在哼地方戲，或玩兩套雜耍，大家都想儘情地享受這個佳節良宵。

「喂，田楊曹胡四大家，今夜我們也應該來點餘興吧？」文龍望着田丁、楊柳、沛然、牧野四個人說。

「我看還是請硯芬表演一下吧，上次她的蝴蝶舞眞好極了，今夜就請她唱支歌吧？」田丁一半讚揚一半拉伕地說：「硯芬，怎樣？今夜該不會掃大家的興吧？」

「贊成！贊成！」不等硯芬開口，楊柳、沛然、牧野他們馬上鼓掌附和。

「你們這種作風我不贊成，老是叫別人吃虧！」硯芬微微嘟起嘴巴，橫掃了他們一眼。

「沒有話講，少數服從多數。」田丁連忙揮手，他慣用這種方法對付硯芬。

「不成，你們再用這種方法我就不幹了！」硯芬臉都急紅了，她狠狠地瞪了田丁一眼。

「硯芬，這次妳還得要幹，下不爲例好了。」田丁連忙陪笑臉，生怕硯芬不上圈套。

「眞的嗎？」硯芬的長睫毛一閃，馬上笑了。

「我說話還會假！」田丁馬上拍拍胸脯鄭重其事地說。

「我就知道你狗嘴裡長不出象牙來！」硯芬指着田丁的鼻子笑着罵他。

「硯芬，看在伯母的面上，今夜妳總不能不來一個節目？」楊柳忽然抬出黃老太太壓她。

硯芬不好再推辭，先望着黃老太太一笑，然後又對楊柳田丁說：

「那麼你們每人先來一個節目好了。」

「就是要請妳開場，妳怎麼又推到我們頭上來了。」田丁、楊柳大搖其手。

「現在還是男人第一，當然要由你們起頭了。」硯芬的長睫毛一閃，又微微嘟起嘴巴。

「硯芬，現在就算女士第一好了，我們都願意讓賢。」田丁向她狡黠地笑笑。

「田丁，你又滑頭！」硯芬馬上瞪他一眼。田丁也不自禁地笑了起來，大家也跟着笑了。

「硯芬，這次妳不想作第一，以後可別怪我們不提倡女權了。」楊柳摸摸嘴巴笑着說。

「哼！還有好事兒給我？吃東西沒有看見你們這樣客氣啦？」硯芬瞪了楊柳一眼，大家又笑了起來，田丁楊柳更得意地大笑。

最後還是由他們先胡謅了一陣，講了幾個令人發笑的故事草草交差。

輪到硯芬時她不好意思不來一個節目，因此她唱一個英文歌，Home, sweet home。當她重覆地唱着最後兩句：There's no place like home, There's no place like home，大家都被一種深沉的鄉思所籠罩了。

這時遙遠的草地上也傳來一種不成腔調的歌聲，是那麼幽怨，低沉：

花是故鄉的好
月是故鄉的明

第二十一章 富國島寄人籬下 雙十節刮目相看

四十二年的双十國慶是一個不平凡的節日。

大家的心情非常愉快，司令官還特地從西貢打電報來放假三天，因此大家準備熱烈慶祝一番，三天前就開了一個籌備會，決定了各種慶祝項目，其中最重要的一項是升旗，他們自從進入越南之後就沒有看見過國旗，法方更不許他們升旗，這次國慶大典他們決定向法方全力爭取。

因爲目前的國際關係非常複雜微妙，法國在表面上雖然和中華民國並未斷絕邦交，但他們對於[redacted]還是非常顧忌，尤其是胡志明與[redacted]的結合更使他們躭心害怕。[redacted]，但目前他們對於越盟是一籌莫展，打了幾年，犧牲不少生命金錢和物資還是沒有打出一個眉目來，如果再加上比胡志明強悍[redacted]十倍的[redacted]和他們打那他們就只好捲舖蓋走路了！他們怎麼經得起這樣重大的犧牲呢？所以他們對於這一項重大要求不得不再三考慮。但是[redacted]留在富國島的國軍情形法國人也是瞭解的，他們瞭解這批愛國者的奮鬪精神和創造能力，在人數上講[redacted]又超過當地駐軍一百倍，如果萬一鬧翻了吃也會把他們吃掉。再則他們也知道富國島上這批愛國[redacted]才是他們的朋友，現在島上的越盟已經不敢在營區那方面襲擊他們，以前這兒是島上越盟出沒之區，曾經給他們不少的損害和困擾，現在就用不着躭心了。所以在各方面的考慮下，他們決定國慶這天允許營區升旗誌慶，平常仍然不准升旗。

法方的這種權變措施雖未盡如理想，但他們[redacted]升旗的目的總算達到了。當這項消息宣佈之後，全營區官兵難民都歡欣若狂，當時就把兩位負責交涉的「外交使節」高高地擧了起來。

國慶這天天氣特別晴和，自從雨季過後幾乎每天都是一個好晴天。雖然是十月了，大家還是單衣單褲，還是照樣地出汗。

田丁、楊柳、硯芬他們昨天上午就把司令臺佈置好了，橫標的紅布金字和「慶祝國慶」的大燈籠尤其顯明奪目，富麗堂皇。

上午九時，參加慶祝大會閱兵的部隊就集合好了，五千多位官兵携帶木製的步槍、機槍、迫擊砲準備檢閱，是那麼莊嚴，整齊，雄壯。隨後參加大會的群衆也到了飛機場大會場。這裡面除了有一大半是隨軍來島的難民外，其餘的就是島上的僑胞，陽東市的僑胞是不分男女老幼統統趕來參加這個空前盛會的。因此不到十點鐘整個飛機場都擠得滿滿的了。

除了台下這許多官兵群衆之外，台上也站滿了人，那都是[redacted]高級長官和法越兩國來賓。

十點整，慶祝大會開始。首先是升旗，這幅鮮明美麗莊嚴的青天白日[redacted]旗也是華僑贈送的，當它在莊嚴肅穆的樂聲和國歌聲中冉冉上升時，大家的眼睛裡面都充滿了淚水，他們有兩年沒有看見過國旗，沒有參加過升旗了，現在看見這幅大國旗宛如久別父母的孩子重新投入父母的懷抱那樣悲喜交集。

田丁流淚了，楊柳流淚了，硯芬流淚了，亞牛流淚了，他們統統流淚了。淚從他們的臉上慢慢地往下流，在陽光中閃亮，沒有誰用手去擦抹一下，他們一心地注視着那幅鮮明美麗的[redacted]旗，望着它冉冉地上升，上升……飄揚，飄揚……他們的心也隨着它上升，上升，飄揚，飄揚……

當[redacted]旗升到旗桿頂端之後，他們才偷偷地擦乾眼淚，似乎誰也不願意讓誰知道，當他們彼此不約而同地默默相視時大家心裡都明白了。

「硯芬，妳的眼淚還沒有擦乾哩！」田丁看見硯芬左眼皮底下一小滴眼淚，他馬上輕輕地告訴她。硯芬的臉微微一紅，又連忙用袖子一擦，然後向田丁靦覥地一笑。

升旗典禮後接着是主席致詞，他一再[redacted]，要大家效法越王勾踐臥薪嘗膽的精神。法越兩國來賓也被邀相繼致詞，他們當然講了一些外交詞令，但他們也提出了[redacted]點相同的意見：[redacted]中國是一個有悠久歷史和優美文化的大國，[redacted]。

以後就接着閱兵，這次分列式比上次進步很多，步法非常整齊，而且都有武器，雖然是木製的，但看起來和眞的一樣，因此軍容顯得雄壯得多，法越兩國來賓看了也不禁鼓掌。

快到十二點才散會。散會後張大、亞牛、劉發祥好不容易才擠了出來。在半路上他們又遇着田丁、硯芬、楊柳他們，他們很奇怪劉發祥也來參加慶祝大會。

「怎麼你也來了？」田丁首先發問。

「你以爲我不愛國嗎？」劉發祥閃着小眼睛反問田丁一句。

「我以爲你只愛錢呢？」田丁譏笑他。

「話不是這麼說，賺錢的日子多，[redacted]一年只有一次，今天華僑都來開會，我還好意思去做生意嗎？」劉發祥答覆得倒冠冕堂皇。

「劉發祥，你的話倒很不錯，以前我們還以為你只愛錢哩。」硯芬馬上讚美他。

「錢當然愛，國也不能不愛呀？」劉發祥大聲地說。他知道沒有錢是要吃苦的，沒有國家的日子可也不好過，以前在大陸時他還沒有這種感覺，要他給國家捐一文錢他都不幹，任何集會他也不參加，遇着什麼紀念日他老是懸着那幅破舊的國旗，保甲長不知道要他換過多少次他總相應不理，背後還要罵他們多管閑事。今天忽然看見這幅又大又新的國旗他彷彿也有一種親切的感覺，心裡也受了一點感動，假使能馬上回到家裡的話他也想買一幅新國旗的。

「這就對了，以後可不能只愛錢不愛國喲！」楊柳拍拍劉發祥的肩膀半勸告半教訓地說。

劉發祥不作正面回答。他心裡在想，以前自己確是沒有什麼國家觀念的，不僅他一個人只一心做自己的生意，在他看來所有的商人都是一心做自己的生意。不僅商人是一心做自己的生意，搞政治的那又不是在做生意？他天天在看商業行情，他們那[redacted]是天天在看政治行情，他是有錢賺就做它一筆，管它是五洋雜貨黃金美鈔？他們那[redacted]不是有官就做，管它是[redacted]？不然現在他不會還有本錢在富國島做生意，[redacted]也不會有那麼多的屎蒼蠅向[redacted]靠攏了。令他奇怪的倒是富國島的這些窮丘八，作了「俘虜」還是不忘國家。像亞牛打斷了一條腿他還是一肚子勁，升旗的時候他還掉眼淚哩！這不很奇怪嗎？至於他自己還是金錢第一，做生意第一，國家這個看不見的東西他以前想都沒有想到過，今天才算有點眞實的感覺，[redacted]現在就把它列在第二好了，這不是刮目相看嗎？[redacted]？他想他是一個[redacted]生意[redacted]人，能像他今天這樣偶然想到國家已經很不錯了，你田丁楊柳又何必要教訓人呢？

想着，想着，他不自覺地走到營門口了。田丁、楊柳、硯芬他們要趕着去糊晚上遊行的提燈，張大、亞牛要去看籃球，他還是去做做生意，今天人很多，大家又高興，他昨天就買了一批糖菓和汽球之類的小玩意，說不定又可以多賺幾十塊錢呢？

當他和大家分手時楊柳又問他：

「晚上遊行你去不去？」

「有什麼事嗎？」劉發祥的小眼骨碌碌的轉。

「你要是去的話就給你多糊一個燈籠。」楊柳說。

劉發祥一想，夜晚不能做生意，拿着燈籠遊行也是怪有意思的，他以前還沒有搞過這玩意哩！因此他隨口回答楊柳一句：

「也好。」

就這樣他們分道揚鑣了。田丁，楊柳，硯芬他們去糊燈籠了，張大、亞牛去看籃球了，劉發祥也拿着他的汽球糖菓到處去兜生意了。只有文龍還是在整理他的部隊，講解晚上遊行應該注意的事情，因為他的部隊晚上遊行時要擺成[redacted]「復興中華」四個大字，他現在正在一面講解一面排演哩。

下午七時半，參加遊行的隊伍和群衆就在飛機場集合了。田丁、楊柳、硯芬、沛然、牧野、張大、亞牛、劉發祥統統參加了。文龍和他的部隊早已到達，而且排好字形了、飛機場裡燈火通明，照得眼睛發花，各式各樣的燈籠應有盡有，有鯉魚型的，有飛機型的，有坦克型的，有軍艦型的，有西瓜型的。硯芬手裡拿的是飛機型的，田丁、楊柳、沛然、牧野拿的是坦克型的，張大、亞牛，劉發祥拿的是軍艦型的，文龍和他的部隊一律拿的是西瓜型的，因爲這種燈籠做起來最簡便。每一個燈籠上都有金字，有的是寫的，有的是用金紙剪貼的。各種燈籠上面除了一律有「慶祝國慶」四個字外，還有[redacted]「復興中華」，「驅除俄寇」[redacted]之類的金字陪襯，這種紅紙金字經燭光一照是格外顯明的。

五六千人的遊行隊伍經過忠貞橋沿河直上，繞陽東市一週，進入市區時更是鑼鼓喧天，咚咚鏘，咚咚鏘之聲不絕於耳。[redacted]口號聲眞個響澈雲霄。

張大和劉發祥從來沒有參加過這類的遊行，更沒有喊過口號，今夜他們也跟着喊了。[redacted]

張大呢？他手上的燈籠一面寫的是「慶祝國慶」，[redacted]個字[redacted]華民國萬歲」，先告訴他是什麼意思，再教他一個字一個字地唸熟，然後再連接起來喊，教了很多遍他才弄熟。等到別人喊時他也跟着喊[redacted]。有時他一急不是忘了上句就是忘了下句，[redacted]「萬歲」，「萬歲」了。田丁他們聽了就忍[redacted]，硯芬却很和善地輕輕地問他：

「張大，你怎麼搞的？」

張大，非常不好意思地咧開嘴巴向她笑笑，耳根脖子都羞紅了。硯芬馬上安慰他，輕輕地對他說：

「張大別慌，記清楚了再喊。」跟着別人喊就行了

他向她笨拙地點點頭。

口號又在一句接着一句地喊着，聲音雄壯極了。張大聽見別人喊他也跟着喊，現在他是在記清楚了之後再使出全身的力氣喊出來，聲音簡直大得嚇人，硯芬連忙用双手蒙住耳朵，田丁楊柳却睜大眼睛驚奇地望着他。

「張大，你怎麼搞的？」田丁向他笑着說：「你這樣喊法我們的耳朵都要震聾了。」

「張大，剛才你這樣喊眞嚇了我一跳。」硯芬也望着他笑，同時用手拍拍自己的胸口。

張大又不好意思起來，他不知道怎樣喊才好？別人喊得那麼自然，那麼恰到好處，他一喊起來就很彆扭，他不能控制自己的情感，不能控制自己的聲調，因此他向他們紅着臉囁嚅地說：

「我是鄉下人，我不會喊。」口號，不像你們讀書人，從小喊到大，到了寶島還在喊口號。

「你仔細聽聽，過後自然會喊。」硯芬[redacted]。不禁苦笑。

鑼鼓仍在咚咚鏘，咚咚鏘地響着，口號仍不停地喊着。慢慢地張大喊得也比較自然了，他很高興他又學會了一樣東西。以前他不會下棋，現在會下棋，以前看不懂京戲，現在已經變成戲迷了。他想如果下次再有遊行喊口號他一定會喊得很好的了。他對遊行這事兒似乎又有了新的興趣[redacted]！了

遊行的行列在街上經過時，街上的警察，法國軍人，和店舖門口的越南人，華僑，都睜大眼睛望着他們，高蹺隊表演的「殺[illegible]拔毛」常常使他們發笑，如龍的隊伍排成的「反共抗俄」「復興中華」八個大字尤其引人注意。法國軍人不知道他們走的是那一種隊形？在世界各國陸軍操典中都沒有這種走法，他們眞奇怪中國軍人怎麼會用這種操典？後來經華僑向他們解釋，他們又不禁翹起大姆指來笑了。

經過一個多鐘頭遊行才算完畢，隊伍這次是從中山橋折回營區來，大家心裡高興得很，可惜陽東市太小，不然他們眞想遊行到天亮哩。

這時中山堂的平劇還沒有散場，壓軸戲「甘露寺」正在上演，張大聽見胡琴聲和「劏千歲……」他不管隊伍解散沒有解散拔起脚來就向中山堂跑，劉發祥隨卽罵了一聲：

「鄉巴佬！」

田丁他們看見張大跑起步來那種笨手笨脚的老百姓姿態也都好笑起來，硯芬更笑着說：

「想不到張大倒[illegible]有趣哩！」

「富國島上有趣的事兒多啦。」田丁想起他們這個農工商學兵三敎九流俱備的[illegible]團體他又好笑起來。

第二十二章　法國人點名配米
京片子田丁同學

十一月二十五日下午，管訓處忽然傳出一個消息，說是法國人二十六日上午要來點名，除了看守營房的和重病的可以不去應點之外，其餘的不分官階大小，男女老幼，統統要到飛機場來集合應點。

他們初到越南時是三天兩天就要點一次名的。法國人管制他們最厲害的手段卽是每人每天十六兩米和一點副食，不管你是什麼階級，不應點就沒有飯吃，因此當過中將兵團司令的也照樣地要排隊應點。他們點名時不是根據花名冊，而是根據實際的人數，有一個算一個，大人算大口，小孩算小口，他們就根據總人數每人每天配給約合五百加羅里熱量的主副食，到富國島以後法國人就根據在蒙陽最後淸點的人數定量配給，一直沒有點過名，態度也比以前客氣得多，現在又忽然要點名大家都有點奇怪。

「大概是我們吃得法國人有點心痛了吧？」田丁笑着說。因爲他們到越南已經兩年了，一共三萬多人，天天要吃要喝，光是他們陽東這個營區每隔三兩天就有一艘輪船運大米菜蔬和畜牲來，這的確也是一個不小的負擔。

「假如他們遵守協定，讓我們回臺灣，那就用不着他們這樣偏勞了。」楊柳說着隨卽伸了一個懶腰。

「如果我不種地，每天這麼一點點猫吃的東西眞不够塞我的牙齒。」張大的臉上也微微露出一點不快的顏色。他的食量很大，初到越南時眞是天天餓肚皮，來富國島以後他還是吃不飽，直到他種的蕃薯，洋山芋，花生都成熟了這才滿足了他肚皮的需要。現在他每天都要煮點蕃薯，洋山芋，或是花生，以補助主副食的不足。

「他們不放我們回臺灣，我們就把他們吃垮。」亞牛兩條又粗又黑的濃眉又跳了幾跳。現在法國人不但沒有放他們回臺灣的意思，還不時傳來要送他們去非洲做苦工的消息，亞牛一想到這裡就有點憤怒。

「如果眞要到非洲去做工，那我們這些女人小孩兒怎麼辦？」硯芬先望望黃老太太、雅琴、龍芬、和雅琴的那個孩子，然後又望着文龍，田丁他們憂愁地說。

「這樣不是把我們當作奴隸了嗎？」雅琴也皺起眉來。

「妳們放心，我們決不會讓他們隨便擺佈的。」文龍向他們揮揮手深沉地說，他眼睛裡放射出一種寒星似的光芒。現在他們仍然把法國人看作朋友，如果法國人不把他們看作朋友他們一定會有適當的行動，他和他的部隊是時刻在警備中，只要一有命令，他就會應付任何突變，越盟受過那次教訓之後就不敢再來侵犯，他相信法國人還不致於這麼蠢。

「那他們又爲什麼要突然點名？」硯芬走近文龍輕輕地問。

「現在別想那麼多，明天你們儘管去應點，我們自有準備。」文龍安慰她說。

「明天你不去應點嗎？」硯芬睜大眼睛奇怪地問。

「我這一中隊人奉命留守營區，擔任警衞。」文龍說。

「你們不要吃飯嗎？」硯芬又奇怪地問。

「已經向法國人交涉好了。」文龍向她坦然地一笑。原來管訓處向法方報了一百多名病號，五十個人留守，法方同意這些人不必應點，因此他這一中隊人不去是不會影響補給的。

大家都認爲處長考慮得很周到，有文龍這一中隊人足可以應付意外，只要一聲警報，大家很快地就可以回到自己的崗位上去，這一年的教育訓練，使全營官兵經常保持一種旺盛的戰鬭精神和作戰能力，文龍的這一中隊人無論在那一方面又都是最優秀的。

「我也要去嗎？」雅琴盯着文龍的臉上問。

「妳當然也要去，還要抱着念華去。」文龍温和地說。念華是雅琴的孩子的名字，因爲她的丈夫叫畢建華，所以她替他取了這個名字，一方面是紀念她死去的丈夫，一方面也是紀念着自己的祖國，這是有双重意義的。

「那我也要抱着龍芬去了？」硯芬姣媚地望着他。

「自然，還應該好好地照顧她嘔。」文龍十分親暱温存地說。他知道明天應點的人將近兩萬，孩子看見那麼大的場面說不定會害怕的，必須好好地照顧才好。

「嘿嘿！這兩個小寶寶恐怕是法國人意想不到的負擔吧？」田丁摸摸下巴想想也好笑。他們這個小團體就添了兩口人丁，其他來富國島以後生的孩子一定也不在少數了。

「田丁，我們可也死了不少人囉！」文龍的臉色忽然嚴重起來，他知道來富國島後零零碎碎地死了上千人，他隊上也死了一個士兵，在他的想像中生的一定沒有死的多，因爲來富國島後沒有一個人結婚，生孩子的都是原先在大陸已經結婚的眷屬，這個數字並不多，至於像龍芬這類的私生子自然更屬有限了。

「到底生死的數字能不能相抵呢？」楊柳好奇地問。

「根據處裡的統計，死的比生的多。」牧野沉重地說。他有一次在無意中看到這個統計數字。

「這樣說來法國人是減輕負擔了？」田丁的臉上馬上掠過一層陰影，他對於這批同生死共患難的伙伴們的凋零不免有點感傷。

「不管那些，我們增加了兩個小寶寶總是事實。」黃老太太愉快地笑着。

黃老太太眞是一個樂天的人，對於點名她也一點不像雅琴那樣想逃避。二十六日上午七點多鐘，她陪着雅琴硯芬興沖沖地到飛機場去，她還和硯芬雅琴爭着抱孩子哩。

張大，亞牛，劉發祥三個人是和他們一道去的。田丁、楊柳，沛然，牧野四個人又是一道去的，到飛機場以後他們就滙合了。爲了便於照顧黃老太太和硯芬雅琴她們，田丁他們硬擠着和她們站在一塊兒。

楊柳一走到就從硯芬的手裡接過龍芬來抱。硯芬抱了半天手有點酸，這一來硯芬眞有點感激他了，因此她一面捏捏手腕一面笑着說：

「楊柳，想不到你還有點良心哩！」

「得了，別拍馬屁吧。」楊柳笑着說。大家聽了也不禁莞爾一笑。

田丁看見楊柳抱了龍芬，他也伸手來抱念華，雅琴先向他感激地一笑，然後又逗着孩子說：

「念華，叫田伯伯，叫田伯伯。」

這孩子剛會笑，他看見媽媽逗他他就格格嗯嗯地笑了起來。田丁心裡非常高興，他隨即在他臉上吻了一下，又笑着說：

「很像媽媽哩！」

是的，這孩子現在越變越像媽媽了，嘴巴比剛生下來時小了許多，那瘦瘦的高直的鼻子和那對清澈明亮照得見人的眸子尤其像他媽媽。雅琴聽見田丁這樣稱讚孩子心裡也暗自高興。田丁這一向常會在無形中對她洩漏一種秘密的情感，雅琴是個非常精細的人，她自然會覺察到，她心裡對田丁也很有好感，可是她從來不會洩漏一點內心的秘密。現在這種漸漸興起的新情感正和積壓在她心上的舊情感衝突[redacted]，因此她心裡是很苦悶的。這種情形只有黃老太太和硯芬偶然覺察到，但還不能十分確定是什麼原因？

「長大了一定是個漂亮的小伙子。」楊柳湊趣地說。

「現在就很漂亮嘛！」硯芬用右手的食指摸摸孩子的臉笑着說。

「眞的，這兩個小傢伙倒是很理想的一對嘛！」楊柳馬上把龍芬抱過去靠着念華說。

「如果那時再不解除結婚禁令，那可就急死他們兩口子啦！」田丁向硯芬做個鬼臉，然後又迅速地把頭轉過去。

「你怎麼知道？」硯芬向他閃電似地瞪了一眼。

「察顏觀色呀！」田丁回過頭來得意地笑着。

「哼！我也會察顏觀色囉！」硯芬的長睫毛一閃，嘴角一撇，也向他扮了一個鬼臉。

於是他們相視一笑，一種心照不宣的微笑。

現在飛機場上的人越來越多了，一眼望去看不見一點空隙，盡是黑鴉鴉的一片人頭，男女老幼都有，平常任何集會都沒有出動過這麼多的人，這次幾乎是全體出動了。可是沒有一架飛机起落，這是一個荒廢的机場。

「嘿！我們的人眞多！」田丁自言自語地說。他心裡頗爲高興，他想中國有這麼多的人口，任何敵人都是沒有辦法征服的。

八點半，處裡的幾位高級長官陪着二三十個法國人來到飛機場了。這些法國人個個都是中國通，他們都講得一口漂亮的京片子。其中有一位法國人和田丁還是燕京的同學，他的母親是察哈爾人，他是在北平生長的。二次大戰結束之後他才和他双親回到法國，現在他奉派在越南工作，這次點名他就被調了過來。他一看見田丁馬上高興地跑過來和他握手，他們除了私人的寒暄之外，田丁還做了一點國民外交的工作。

九點正開始清點人數，法國人一共分成十組，每組兩三個人，這兩三個人要負責淸點一兩千人，因此需要相當的時間。田丁硯芬他們是站在他們這列人的中間，好不容易才點到。那位法國人點到龍芬和念華時忽然笑着對田丁說：

「老兄，你們貴國人這樣生殖下去，地球上都快要站不下了。」

「閣下，我還是光桿兒哩！」田丁指着自己的鼻尖笑着回答。

「如果老兄不是光桿兒，那不更要增加我們的負擔嗎？」

於是，他和田丁大笑起來，硯芬雅琴聽了也吃吃地笑。

田丁他們點過名之後，就另外排在一邊，要統統點完之後他們才能走。他們站着沒有事做只好望着法國人清點別人，或者自已人聊聊天。硯芬他們對於田丁今天這種奇遇都問長問短，田丁把他所知道的有關這位法國同學的事情簡單地講了一些，其中還有一段關於他追求中國女同學的羅曼史，結果因爲那位女同學要他改入中國籍的問題沒有解決，因此他們的婚姻沒有成功。

「他不願意入中國籍嗎？」硯芬好奇地問。

「他本人非常喜愛中國，他很願意做一個中國人。」田丁說。

「那他爲什麽不入中國籍呢？」硯芬睜着眼睛說。

「他父親不同意。」田丁說。

「看樣子這人倒蠻有趣哩！」硯芬迅速地瞥了那個法國人一眼，斜向田丁笑着說。

「他本來就是中國種嘛！」田丁滑稽地笑着。他知道這位法國同學在性情方面有很多地方像中國人，如不拘小節，不修邊幅，愛坐茶館，愛聽京戲，愛講笑話，愛穿長衫，可以說處處都帶有中國人的色彩。

「中國人和法國人結合那眞可以產生幾個傑出的藝術家來。」楊柳也好奇地望了那位法國人一眼。他覺得中國人和法國人都很有藝術天才，又都歡喜各自發展，不願接受拘束，這種性格正是藝術家不可缺少的性格，所有偉大的天才都是基於這種秉賦的。

「他也能畫幾个哩。」田丁也望着他那位法國同學讚賞地笑笑。他說他這位同學會畫西洋油畫，還會畫中國淡墨山水，是一個很有藝術天才的怪物。

他們談了半天，看看這一隊還有四五百人沒有點完，太陽又大得很，晒得汗水直淋，大家都有點不耐，你看看我，我看看你，忽然他們發覺劉發祥不在，不知道他溜到什麽地方去了？起先還以爲他是溜出去做生意，後來硯芬忽然在尙未點完的那四五百人中發現了他，她馬上指給大家看。

「這傢伙眞混蛋！」田丁看見他之後馬上罵他一句。

點完之後劉發祥又偷偷地溜到田丁他們身邊來，大家都責問他：

「劉發祥，你怎麼這樣無聊？」

「亞牛昨天不是說要把法國人吃垮嗎！我多吃他們十六兩米也算不了什麼呀！」劉發祥翻翻他的小眼睛倒蠻有理由似的。

「你不要為了十六兩米丟兩萬人的臉哪！」田丁他們都睜着眼睛瞪着他。

「哼！不這樣整他們，他們才不會放我們去臺灣哩！」劉發祥又翻翻小眼睛冷冷地說。

「唉！你這傢伙真是個生意人！」大家望着他搖搖頭。

第二十三章　聖誕節法人狂歡　升國旗三位並列

法國人這次點名究竟為了什麼原因？事後他們還是沒有弄清楚，可是傳說却很多，到非洲做工的謠傳還未終止，現在又有要他們參加作戰的消息，使他們心裡感覺得非常困擾。他們來越南兩年多了，法方始終沒有履行協定讓他們回臺灣的意思，這是他們最不痛快的一件事。他們在這縱橫不滿百里的孤島上，日夜聽海浪嘶鳴，看椰葉搖動，也實在厭倦了。而法方供給的主副食份量的不够，和醫藥的缺乏，更使他們感到不少痛苦。一天兩天，一月兩月可以忍受，但這兩年多來一直過着這種日子並不是一件太容易的事，這種漫無止境的羈縶究竟要拖到那年那月實在沒有人知道，政府雖屢經交涉，法方仍然不肯履行協定，他們越想越焦急，憤怒的火燄終於燃燒起來了。

十二月二十五日這天正是聖誕節，是西洋人狂歡的日子，全體入越官兵難民三萬多人就在這天舉行絕食，楊東介多和金蘭灣三個營區一致行動。爲了主持這個節食運動，事先他們曾經組織了一個「爭取自由委員會」，照會議的決定病患和八歲以下的兒童可以不絕食，其餘的人一律絕食，把這天的主副食統統交還法方，同時還派了幾位代表，向法方正式提出抗議書。爲表示爭取自由的決心起見，金蘭灣的國軍把灶都拆毀了。

這天大家的心情非常悲憤，有一個六歲的孩子因爲父親病死在富國島上，他竟自動絕食，大人怎麼勸他他都不吃。同時有一千多群衆衝過中山橋高呼「我們要回臺灣去！」，「法國人請你們遵守協定！」等口號，有些人因爲按捺不住心頭的憤怒竟向法軍投擲石塊，其中有個士兵單獨衝到法軍營房門口，繳了一個守衛士兵的步槍，又刺傷他們一個，當時法方的幾位値勤人員都嚇得發抖，跑到房子裡面緊閉着大門不敢出來。

這一絕食運動法方自然感覺頭痛，但最受痛苦的還是他們自己，餓肚皮實在不是一件容易的事，何況他們腸胃裡本來就沒有什麼油水哩！

文龍，亞牛他們在軍隊裡躭了很久，三兩天不吃飯也是常有的事。張大是農民，遇着災荒的年成也餓過肚皮。硯芬、田丁、楊柳、沛然、牧野這些人照共產黨的話是小資產階級，除了牧野因爲在軍隊裡幹戲劇工作，生活比較苦一點外，像硯芬田丁他們過的都是小姐少爺的生活，根本不知道餓肚皮是什麼味兒？其他如黃老太太家境也是蠻好的，入越以後算是她一生最苦的日子了。劉發祥呢？他雖然不是一個大資本家，可也是一個不大不小的油鹽雜貨糧食店的老闆，他又是自奉甚厚，在家時是每餐不離酒不離葷的。雅琴是一個小地主的女兒，過去的生活也很美滿，只是這兩年來隨同丈夫打游擊吃過很多苦頭。所以她和文龍、亞牛、張大四個人都可以熬一熬。硯芬、田丁、牧野、楊柳、沛然、黃老太太六個人也很識大體，雖然肚子裡在咕嚕嚕地叫，嘴裡可不作聲。只有劉發祥有點唧唧咕咕，他覺得不吃法國人的東西自已餓肚皮實在是一件蠢事，尤其使他認爲不値得的是那天他在大太陽底下冒混了一次不過只十六兩米，還挨了大家一頓罵，現在這麼多人絕食一天就要替法國人省下兩三萬斤米，還要自已送給他們，這個賬怎麼算法呢？他想只有當兵的才會這樣蠢啊！他們做生意的是決不會這麼幹的。他想就是要絕食也可以把米留着下次吃呀！何必要送還法國人呢？

「蠢！蠢！蠢！這件事情做得眞蠢！」他自言自語地說。尤其是在他去各營舍兜賣了一次零食回來之後他更生氣，不但大人不買，小孩子也不買，他原先還以爲趁這個機會可以大賺一筆，誰知道一樣東西都沒有賣出去，這樣賺錢的生意反而要賠本，這不是見活鬼嗎？

「劉發祥，你這個聰明人今天可也作了一件蠢事呀！」田丁望着他那個木頭箱子裡許多原封未動的零食這麼譏笑他。

「蠢？我怎麼蠢？」劉發祥睜圓那對小眼睛，有點氣虎虎地。他絕對不相信自已蠢，他的算盤打得比任何人都精，在同行競爭中他從來沒有吃過一次虧，難道在這些丘八和連算盤都不會打的田丁這些書獃子之間他還會蠢嗎？

「你不蠢你這些零食怎麼原封未動呀！」田丁故意向他翻翻白眼。

「那是大家蠢，不是我蠢！」劉發祥氣得把手一揮，口水都噴了出來！「如果再餓兩天他們還不買我的東西那我劉發祥這一輩子就不做生意。」

「你不做生意做扒手嗎？」亞牛笑着罵他。

大家聽了不禁好笑起來，劉發祥認爲這句話有點侮辱，他馬上睜着小眼睛瞪亞牛一眼：

「你以爲我會那樣沒有出息嗎？」

劉發祥認爲自已決不致於那樣沒有出息，憑他商人的頭腦他相信無論幹什麼比亞牛那種硬綳綳的性格總要受人歡迎些，就是編入部隊他也是第一流的特務長和副官人才，決不會當一名列兵的。

「亞牛剛才是說笑話，你怎麼會幹那種事呢？」硯芬怕劉發祥眞的生氣，連忙笑着安慰他。

文龍，牧野他們也敷衍了他幾句，他的氣馬上消了，他也笑着問他們：

「說眞話，你們肚子不餓嗎？」

「人又不是鋼鐵，怎麼會不餓呢？」硯芬笑着說。她十九小時沒有吃東西，現在已經很餓了。

「既然餓，屋裡有紅薯花生你們怎麼不吃呀？」劉發祥指着屋角下一堆紅薯花生說。他眞奇怪他們怎麼這樣傻？法國人的東西不吃自已種的東西怎麼也不吃呢？

「既然決定絕食不問是法國人的還是我們自已的都不應該吃。」文龍温和地望着劉發祥說。

「何必那麼認眞呢？騙騙法國人不可以嗎？」劉發祥的小眼睛靈活地轉動着。他也有他的想法，他認爲主副食既已送還法方，就是表示絕食的意思，自已的東西應該可以吃，吃了法國人也不知道，現在他們還躲着不敢出來，還敢來營區查看他們是眞絕食還是假絕食嗎？騙騙法國人就可以了，何必眞和自已的肚皮過不去呢？

「劉發祥，話不是這麼說，這次絕食是表示我們爭取自由的決心，我們的行動應該一致，別人不吃我們也不應該吃。」文龍善意地開導他。

「肚子實在餓得難過，怎麼辦呢？」劉發祥不住地皺眉，嘴裡也在流苦水。他一清早起來也只偷偷地吃了一個餅當早點，到現在也有十來個鐘頭，他實在有點熬不下去了。

「劉發祥，大家都餓，你也忍耐點好了。」文龍仍然勸他。

「忍耐，忍耐到什麼時候啊！」劉發祥兩手抱着肚子，幾乎哭了出來。他只知道從今天起絕食，還不知道絕食到那天爲止？如果再餓三五天那不是氣兒都沒有了嗎？他捨不得死呀！他還想留着這條命回家去開大舖子哩！

「聽上面的命令好了」。文龍堅定地說，他也不能答覆這個問題。

「我恐怕等不得上面的命令了。」劉發祥哭喪着臉說。

「你想尋死嗎？」亞牛又開他的玩笑。

「我才沒有這麼蠢哩！要死你去死好了，我這些東西還够我吃三天哩！」劉發祥拍拍他盛滿零食的木頭箱子向亞牛示威地說。

「怎麼？你想吃嗎？」亞牛睜着兩隻大眼睛瞪着他。

「我不吃難道等死嗎？」劉發祥也睜着他的小眼睛理直氣壯地說。

「哼！這是大團體，不是你一個人的商店，你應該遵守大家的決定。」亞牛馬上把眉一揚，眼一瞪，向劉發祥鄭重地警告。

「我自己的東西也不能吃嗎？」劉發祥也馬上反問亞牛一句，但語氣柔和得多了。

「劉發祥，你一個人吃總不好意思，就讓我們大家分着吃吧？」田丁一面向劉發祥說一面向大家睒睒眼睛，他知道這句話很有止餓的力量，劉發祥是絕對捨不得這麼犧牲的。

果然，田丁的話發生了很大的作用，劉發祥不再作聲了，他這個木頭箱裡有兩百多塊錢的貨，田丁他們又都是好吃鬼，餓了這麼一天那眞連紙屑都要吞下去了！他又搶不過他們，說不定自己還撈不着一點吃，更不用說虧盡血本了。

由於劉發祥的突然沉默，大家隱約地聽到一種嗡嗡的機聲。文龍馬上警覺地跳了起來，迅速地衝了出去，向自己的營房奔跑。他猜想這一定是法國的飛機，今天這種情形越南的法方負責人不會不知道的，萬一他們派飛機來掃射鎭壓，他們就要被迫抵抗了。

文龍衝出去之後亞牛也拄着扶手的篤的篤地緊跟着出去了。他先躲在一棵高大的椰子樹下向天空四處搜索，忽然他發現東北方飛來了五架飛機，他馬上大叫着要大家散開，向壕溝隱避。大家都慌張地向外跑，好在營房附近多的是深溝，這種溝是早就挖好了的，一方面是宣洩雨季的積水，一方面又可以當作戰壕用，平時部隊戰鬪教就常用這種壕溝的。

現在文龍的部隊已經拿着梭標木槍散開了，他們都伏在壕溝邊警戒。田丁他們也躲進壕溝了。亞牛這才抱着扶手一個滾身連滾幾下就滾進了壕溝，因爲這時五架飛機已經臨頭了。

這五架飛機在營房上空來回低飛盤旋，一會兒昂起頭來上升，一會兒又俯衝下來，軋軋的機聲把耳朵都震麻了，樹葉也震得沙沙作響。這種示威的舉動先後不下十餘次。亞牛眞恨自己手裡沒有槍，不然他眞想打下一兩架來。文龍則命令弟兄們力持鎭靜，不許衝動，也不能暴露目標，他自己則始終注視着飛機的行動。劉發祥和張大都嚇得發抖，劉發祥一看見飛機俯衝下來就連忙蒙住耳朵閉起眼睛，現在他的肚子一點都不餓了。

這五架飛機盤旋了二十九分鐘才排成一字形一架跟着一架地飛走，大家這才鬆了一口氣。劉發祥在大家都不注意時連忙從木頭箱裡抓出幾塊餅乾來往嘴裡一塞，然後又迅速地把頭埋下來。

第二天飛機又來偵察，同時海濱也開來了幾隻炮艦，司令官也恰在這時偕同法國魚隆上校蒞臨營區。因爲法國人對這次絕食運動非常頭痛，如果讓它發展下去恐怕會鬧到不可收拾的地步，用壓力怕愈弄愈糟，所以只好邀請司令官前來一趟，希望把局勢緩和下去。司令官來後總算把絕食運動暫時勸止了，但還沒有得到法方的具體答覆。

三十日法方的南圻專員龐迪中將也飛到營區視察，他檢閱各部隊之後深深感到驚訝和敬佩，他想不到他們還是和正規作戰部隊沒有兩樣。尤其是士氣的旺盛，精神的振作，更出乎他的意料之外，他在檢閱之後慨然答應將他們的要求轉達法國政府設法解決。

魚隆上校走後兩天，有兩件事情馬上兌現。

第一是允許他們隨時懸掛國旗，法方營區內並每日升起青天白日旗，而且還把它懸在法國國旗和越南國旗的中央，以示崇敬。

第二是改善他們的主副食，自五百加羅里的熱量增加到七百五十加羅里的熱量。

第一件事情是替國家爭來無上的榮譽。初入越南時法國人完全把們當俘虜看待，來富國島後雖然客氣一些，但還是處在羈禁看管的地位。現在不但把他們看成同等地位，同時還把[redacted]青天白日的國旗掛在他們自已的國旗和越南國旗的中間，這眞是國際間的一種隆重敬意。

第二件事情是解決了他們的切身問題。入越兩年多主副食始終是不够吃，在蒙陽時更不像話，有時發幾個芭蕉或其他的水菓就過一天。現在法方在軍需孔急補給困難的時候還一下增加三萬多人補給的三分之一，這的確不容易。

這次節食運動雖然沒有馬上達到回臺灣的願望，但收獲已經不少了。他們天天看見自已的國旗在營區上空飄揚，心裡也得到無限的安慰。

「劉發祥，你看是你一個人混來的那十六兩多呢？還是我們大家爭來的這二十四兩多？」那天夜晚田丁文這樣和劉發祥開玩笑。

劉發祥的臉一紅，尷尬地咧開嘴巴一笑，他知道這次他的算盤並不高明。

「他媽的，都像你小子這樣那法國人早把我們送到非洲做苦工去了！」亞牛用扶手指着劉發祥笑罵[redacted]。

大家看着劉發祥那光光的尖頭，幾乎每秒鐘眏動一次的小眼睛，[redacted]。不禁搖頭一笑。

第二十四章　三載楚囚在富島　辦生命望寄台灣

日子過得眞快，他們在越南已經過了三個新年了。

卅八年冬由廣西入越的除了第一兵團大部份官兵和第十兵團一部份官兵都駐在富國島外（其中還有後來的二七二師一部份官兵和游擊部隊），尚有一部份以二十六軍爲主由滇入越的官兵駐在金蘭灣。他們這些人到越南後一共改編爲三個管訓處，駐在陽東的是第一管訓處，人數最多；駐在介多的是第二管訓處，人數次之；駐在金蘭灣的是第三管訓處，人數最少，連預幹班在一起共五千餘人。司令官爲便於集中管訓起見，特商同法方將金蘭華的國軍全數遷移到富國島來。四十一年三月二十二日第一批人到達富國島，四月底最後一批人也統統來了。

第一管訓處的官兵對於金蘭灣的這批戰友的遷來自然非常歡迎，除了供給茶水蔬菜柴火擧行同樂晚會外，還協助他們搭建營房，他們是擇定陽東機場東北角犇山一帶作爲營區的。

現在所有的入越國軍都集中在富國島了。他們現在唯一的希望就是回臺灣，此外再沒有什麼要求了。他們離開國門愈久，想念愈殷切，無論法國人現在對他們怎樣客氣，他們總有一種做客的感覺。如果是偶然到富國島來遊歷的人對於這個小島的熱帶情調一定很喜愛，尤其是營區經過他們兩三年來的開闢整理現在眞像一個花園了，驟來此地的客人也許會有一種世外桃源之感吧！但他們這批人，不是避秦的騷人而是愛國的志士，富國島再好總不是自己的。

「唉！不知道法國人到底讓不讓我們回臺灣？」不知道田丁從那兒聽到一些回臺灣的傳說，他又禁不住開口了。

「[redacted]。」

「田丁，人家硯芬是急着回臺灣去結婚，你急着回臺灣還不是和我一樣[redacted]光桿兒？」楊柳瞥了硯芬一眼然後向田丁笑[redacted]說。

「哼！回臺灣以後田丁才不會和你一樣光桿兒呢！」硯芬向楊柳把眉一揚，嘴一撇，然後從鼻子裡哼一聲，她已經覺到田丁和雅琴在暗暗相戀，[redacted]，她很細心，這些事兒是逃不過她的眼睛的，但楊柳他們還蒙在鼓裡。

「怎麼？妳替田丁介紹不替我介紹嗎？」楊柳睜大眼睛望着硯芬[redacted]，他還以爲硯芬已經答應田丁回臺灣以後替他介紹[redacted]

「你看你這[redacted]醋勁？」硯芬不便說明，只好指着楊柳笑罵一句。然後又俏皮地開出一張支票：「楊柳，只要你放乖一點，回臺灣以後我自然會替你介紹。」

楊柳原先是想取笑硯芬，想不到[redacted]反而被硯芬取笑[redacted]。他先尷尬地搔搔後腦殼，然後又指着硯芬笑[redacted]說：

「妳看妳這張利嘴！」

「可沒有你會吃。」硯芬馬上笑着回他一句，大家也輕鬆地笑了起來。

雅琴是笑在心裡[redacted]，她生怕硯芬揭破了她的秘密，現在看見她非常自然的應付過楊柳，使大家不見任何痕跡，她心裡眞像掉下一塊大石頭[redacted]。雅琴並不是一個作偽的人，只是在她對於這個重大問題未作最後決定之前她不希望任何人知道。她的沉靜仔細正是她能抵到富國島來的一大原因，她希望她能慎重地處理下半輩子的切身問題。

「如果眞回到臺灣，那我們這些地怎麼辦[redacted]？」張大張着嘴巴望着大家，[redacted]的[redacted]他想起那些碗大的蕃薯，和[redacted]的花生洋山芋，他就捨不得離開，但是如果大家都回臺灣他一個人也[redacted]不能留下來，他不會講廣東福建話，又不能做生意，除了種地以外他是什麼都不能做也不願做的，他對土地有一種執着，他覺得他和土地是分不開的。現在大家又談到回臺灣他反而有點困惑了。

「張大，你想把這些地帶走嗎？」田丁笑着問他。

張大馬上睜着眼睛望着田丁。是的，如果能帶走的話他眞想把這些地帶走，但這又是絕對不可能的事，劉發禰比他好，就是從家裡帶來了一筆錢，所以能在富國島做生意，他可不行，如果再走他又是兩手空空的了，連一塊土巴都不能帶，這眞是張大的悲哀，因此他感傷地說：

「如果地也能帶走那就好了。」

「張大，不要難過，回臺灣以後總不愁沒有地種。」文龍走過來安慰他。他把臺灣實施三七五減租和放領公地的情形告訴張大，接着又十分誠懇地說：「到臺灣以後我一定帮助你領一點地種。」

田丁，楊柳他們也齊聲附和，張大這才放下心來。

「那我一定多送點花生紅薯給你們吃。」他馬上向他們[redacted]說。

大家聽了[redacted]笑[redacted]。

「張大回臺灣種地，我們回臺灣幹什麼呢？」楊柳忽然向大家提出這個問題。他不是軍人，他不想在軍隊久就，這次到越南來是承文龍的推薦和處長愛才的美意才把他和田丁、沛然、硯芬這幾個老百姓編入政工隊來。硯芬回臺灣後和文龍結婚，他既不想久留在軍隊裡面自然得另找工作了，他自己的意思是想教書，但又不知道臺灣教育界的情形怎樣？因此他也有點困惑[redacted]。

「教書好了。」田丁不假思索地說。沛然也讚成走這條路，過去在大陸時他就是在一個中學裡教音樂的。

牧野呢？他是幹戲劇的，隊上有好多人是他帶來的，他不像田丁他們那樣輕鬆，他還有[redacted]責任，[redacted]不能一個人一走了事，所以他不表示意見，他要等回臺灣以後才能決定，他在他們幾個人中一向比較穩健[redacted]。

「你們都去教書，那我也去幹我的記者[redacted]好了。」硯芬笑[redacted]說。[redacted]。

「妳回臺灣是結婚，還要幹什麼記者？」楊柳[redacted]說[redacted]著。

「笑話，結了婚就不可以當記者嗎？」硯芬馬上白她一眼。

「硯芬，我看妳還是回臺灣生孩子吧，這才是妳的正當工作[redacted]！」田丁[redacted]笑嘻嘻地說。

「胡說，你胡說……」硯芬連忙抓起一根棒子想打田丁，但田丁敏捷地躲到文龍的背後[redacted]。

大家都被他們[illegible]笑[illegible]，黃老太太的[illegible]慈愛地對硯芬說：

「硯芬，妳別和他們爭，我們女人[illegible]爭不過男人，除非我們下次變男人。」

[illegible]，田丁楊柳更得意地向硯芬示威說：

「伯母的話才是正經話，硯芬，妳別儘作夢吧！」

「伯母的話是宿命論，我一定要和你們競爭。」硯芬大聲地說。

「嘿嘿！好大的口氣？和我們競爭？我們結婚可不會生孩子，妳一結婚就會——」田丁的話還沒有說完

硯芬就把棒子摔了過去，想不到沒打着田丁反而打着文龍了。

[illegible]大家看了更笑[illegible]皮，硯芬連忙跑過去一看，文龍的腦殼上已經突起一個大血[illegible]，她連忙伸手替他揉揉，同時又笑着罵田丁[illegible]：

「田丁[illegible]！」

「[illegible]？要是打在我的頭上那就該我倒楣了！」田丁向硯芬嬉皮笑臉[illegible]說。

硯芬[illegible]瞪了田丁一眼，[illegible]低着頭噗哧一[illegible]笑[illegible]。

第二十五章

龍芬有幸繞雙膝　念華無辜僅單親

不論他們怎樣渴望[illegible]臺灣，但是屢次交涉都沒有成功，他們真[illegible]失望[illegible]。這樣[illegible]下去究竟要到那年那月[illegible]呢？難道真要老死富國島嗎？

「眞他媽的！法國人到底和我們開什麼玩笑？」大家心裡都這樣咒罵[redacted]，如果再沒有結果很可能會發生[redacted]衝突。」

但是●好消息終於來了，[redacted]。當他們奉到[redacted]去臺灣的命令時已經是[redacted]一九五三年五月的事了。

同臺灣的消息一傳開，整個營區馬上轟動起來，大家笑着，跳着，唱着，叫着，[redacted]與[redacted]

「[redacted]好不容易熬到今天！」田丁高興地拍着大腿[redacted]。

「田丁，我看你要發神經病了吧？」硯芬笑嘻嘻地望着田丁，她自己也不免喜形於色[redacted]。

「硯芬，妳不高興嗎？妳不久就可以結婚啦！」田丁睇着一隻眼睛調侃她。

硯芬不作聲，只是咬着下嘴唇春風滿面地笑着。

「田丁，明天就要上船了，[redacted]你們還是趕快收拾一下吧？」文龍的[redacted]是向田丁說他們[redacted]。可是他的眼光卻向楊柳他們掃射了一下。他知道他們是懶散慣了的，平常衣服也不收拾，零用的東西丢得亂七八糟，是很需要[redacted]。

「[redacted]收拾？我有什麼好收拾的？沛然還有一隻小提琴，楊柳也有一副畫架，我是什麼都沒有，馬上就可以拍屁股走路。」田丁大聲地說着笑着，但他除了有兩套破衣服換洗外，真的什麼都沒有，一個小筆記本子做的詩稿簿他是隨時揣在身上的。此外他再沒有什麼可帶了。

「我是十足的光蛋，從前人說兩袖清風，我現在連袖子都沒有，富國島的清風也撈不着，還收拾個屁！」楊柳摸摸自己的光臂膀[illegible]。他穿的是一身沒有領袖的破運動衣褲。

「我們彼此一樣。」文龍也摸摸他粗壯的臂膀大聲[illegible]。

「文龍，你和我們可不同呀！你還檢了一個龍芬哪！我們連這種狗吃屎的運氣都沒有[illegible]！」

楊柳說着大笑起來，大家都跟着笑了，文龍硯芬也跟着笑，硯芬還蹲下去把龍芬抱了起來，在她臉上吻吻。現在她已經滿兩歲了，會走路，會叫爸爸媽媽，文龍硯芬現在是更歡喜她了。

「這是我們在富國島唯一的收穫。」文龍笑着走過去吻了龍芬一下。

「這收穫還小嗎？是貨眞價實的千金哪！」田丁伸出大姆指大聲地說。

「[illegible]對活寶哩！」[illegible]地摸摸龍芬和念華[illegible]地說。

念華現在也一歲半了，他也在地上一歪一歪地走着，也會咿咿呀呀地說話了，媽媽也叫得很清楚，不過不會叫爸爸，因爲雅琴沒有敎他，她聽見那兩個字就傷心，她只敎他喊伯伯，現在他也會喊了。

「看見他們一天天長大，我就覺得自己快老了。」牧野摸摸自己的馬臉和下巴感慨地說。他們幾個人當中他的年齡最大，來越南後不知不覺又增加了三歲半，現在他已是三十四歲的人了。

大家都有說有笑，只有張大一個人悶着不作聲，他想着他那一片紅薯花生洋山芋就難過，這些東西都成熟了，他怎麼捨得兩手空空地離開呢？他在那一大片地裡流下了不少的汗，原先是野草雜樹一人多高的荒地，他好不容易把它一塊一塊地挖出來，又一塊一塊地上肥料，現在都變成上好的熟地了，一脚踹下去彷彿踹得出油似的，他怎麼捨得離開呢？還有那些猪，那些鷄[redacted]鴨，他也化了一番心血[redacted]，一下子[redacted]吃不了，[redacted]賣不掉，這又怎麼辦呢？他可沒有田丁他們那樣輕鬆呀，他們可以[redacted]拍屁股走路，他可捨不得那麼走，就是勉強走了，他也會難過一輩子的[redacted]想起家裡[redacted]那幾畝地他還[redacted]

「張大，你怎麼啦？」文龍看見張大皺眉苦臉地老不作聲，隨即走過來低聲地問他。

「地裡的東西可以挖一點帶走嗎？」張大惶惑地望着文龍，他不知道上面的命令是怎樣吩咐的？

「你想帶就帶點上船去吧。」文龍[redacted]說。他知道在海上要航行好幾天，吃的東西多帶一點沒有什麼關係。

「我和亞牛就去挖好嗎？」張大睜着眼睛望着文龍說。

「你們不去賣牲口嗎？」文龍奇怪地問。原來是決定由他和亞牛去賣猪和鷄鴨的。

「這些東西還是請你帶幾個人去賣吧，我和亞牛兩人實在照顧不來[redacted]」張大結結巴巴地說。他早就想過自己有十幾條猪，一百多隻鷄鴨，兩個身體健全的人都不容易照顧，亞牛又只有一條腿，如果跑掉一隻那多可惜哩！

文龍想想也對，反正自己也沒有多大的事，隊上應該收拾的東西早已吩咐弟兄們收拾過了。田丁，楊柳他們又都空着，他決定和他們幾個人來料理這件事，田丁他們也很同意，因為今天晚上又有鷄吃肉吃，有得吃他們總是高興的。

這樣決定之後張大和亞牛就拿着鋤頭籮筐下地去了，文龍他們也忙着捉鷄捉鴨趕猪，硯芬黃老太太她們也忙着預備豐盛的晚餐。

大家忙了一陣之後才忽然發現不見劉發祥，連他的木頭箱子也不見了，起先大家還以爲他是去做生意，後來黃老太太說他早就知道回臺灣的消息，他一回來就又匆匆地跑到陽東市去了。大家猜他大概是上街去換錢，他知道越幣在臺灣是不通用的。

「這傢伙的腦売眞尖！」田丁笑着說。

「這種人無論搞什都會替自已打算。」文龍笑着搖搖頭。他對劉發祥早就認識得很清楚。

果然，當文龍田丁他們趕着猪挑着鷄鴨上陽東市時在中山橋上就迎面碰着劉發祥興冲冲地趕回來，他的大木頭箱子不見了，手上提着的是一隻嶄新的大皮箱。

他和文龍他們一見面就嚷着說：

「好貴！街上的東西好貴！」

「你這口箱子多少錢？」田丁笑着問他。

劉發祥隨即把右手五個指頭一伸，淸脆地說：

「五百！」

「你這裡面裝的什麼傢伙？」田丁伸手拍拍箱子明知故問。

「沒有什麼，沒有什麼。」劉發祥連忙搖頭，同時把箱子謹愼地摟抱起來，生怕田丁會打開看似的。

「沒有黃金大頭嗎？」田丁望着他那雙眼睛。

「嘿！我做小本生意那有這些貨色？」劉發祥馬上乾笑一聲，故意做出一副寒酸樣子。

「劉發祥，我們又不會搶你的，何必瞞自己人呢？」文龍笑着說。

「嘿嘿，很少，很少，不過幾十塊光洋，幾十塊光洋。」劉發祥不好意思地乾笑着。

「劉發祥，你這傢伙眞不老實，我才不相信你只有那麼一點點呢！」田丁指着劉發祥笑着罵他，他看箱子沉甸甸的樣子，起碼有幾百千把大頭，說不定還有別的東西。

「劉發祥，市場上猪和鷄鴨的價錢怎樣？」文龍忽然調轉話頭向他探聽行情。

「不好，不好，他們正在壓價，由於賣的人太多。」劉發祥連連搖着他那光光的尖頭。他對市場上的行情是再清楚不過了，他本身就是十張行情表，剛才他看見許多人在市場賣猪，毛猪從七塊跌到五塊五，鷄從九塊跌到七塊五，看樣子還會跌下去。

「那麼我們趕快走吧。」文龍向田丁他們說了一句，隨即揚起手裡的長棍喝叱喝叱地趕着猪向陽東市走。

陽東市在他們初來時蕭條得很，百把家小舖子冷冷清清的，很多東西都沒有的買，連香烟都很稀少，現在增加了百多家新開的大商店，市面熱鬧得很，一切應用的東西，山珍海味，五洋雜貨，眞是應有盡有，連最新式的游泳手錶，派克鋼筆，收音機，都樣樣俱備。有的商人原來只有千把兩千塊的小本，現在起碼有幾十百把萬了。臺灣每月撥給陽東營區國軍一百萬越幣都是在這裡消耗的，其他法方供給的，私人化用的，也一滴一滴流向陽東市，他們這三萬多人把陽東商人養肥了，這眞是陽東市有史以來的黃金時代，做生意的人沒有一個不笑口常開，他們眞希望這批國軍永遠不要走。現在聽到國軍要走反而失望起來，但是他們決不放過這樣機會的十倍好生意。

文龍他們一走進市場就碰見許多熟人，有的買，有的賣，眞是擁擠不堪，尤其是菜市場和百貨商店，人山人海，川流不息，文龍好容易擠到菜市場找到一個經紀人，費了很多口舌才以豬每斤五元，雞每斤七元，鴨每斤五元五的賤價賣出去，一共也賣了七八千塊錢。文龍他們決定買點日用品分給大家應用，現在沒有誰有一件像樣的衣服，連洗臉手巾也破破爛爛了。除了買了兩千多塊錢的日用品外，其餘的錢統統買了大頭金子，他們把大頭金子都分給張大、亞牛、黃老太太，因爲種地養豬養雞養鴨他們三人出力最多，應該得點報酬。大頭平常只要二十多塊越幣一塊，現在漲到八十多了，金子平常是三千越幣一兩，現在也陡漲到五千一兩了，這樣一出一進，他們的損失眞太大了。

「唉！我們軍人眞倒楣，隨便到什麼地方總是貴買賤賣，處處吃虧。」文龍也不禁搖頭嘆氣，許多年來他深深受到這種痛苦，尤其是在小市鎭。

他們在市場上忙了好幾個鐘頭，回來時張大亞牛已經從地裡挖了好幾籮筐花生回來。黃老太太硯芬他們也快把飯菜預備好了。大家都覺得十分輕快。

當文龍把日用品分給大家時個個都喜笑顏開，尤其是張大，他更加高興，當文龍把一枚三錢多重的戒指套到他左手中指上時他簡直驚喜得目瞪口呆了！他活了半輩子也沒有戴過這玩意，他眞像小姑娘上轎出嫁一樣羞怯怯的。

「這怎麼好？這怎麼好……」他結結巴巴地說。

「張大這是你應該得的。」大家圍着他笑着說。

「你們也有嗎？」張大睜着兩隻眼睛望着大家。他的心眼兒是蠻好的，他還怕他們沒有哩。

「張大，別管我們，你有就行了。」田丁向他友愛地說。

「這怎麼好意思？這怎麼好意思？」張大又結結巴巴地說，同時用力把戒指捋下來。

文龍把他的手捉住，又替他套上，同時輕輕地對他說：

「張大，我們知道你的心腸好，你還是戴上吧。」

張大不再說什麼，他的眼圈已經紅了，兩顆大大的淚珠幾乎滾了出來。

一會兒黃老太太硯芬她們把飯菜端上桌來了。田丁楊柳他們一窩蜂地圍攏去，田丁看看桌上那麼多的菜不禁感慨地說：

「這是我們在富國島最後的一次晚餐了！」

第二十九章　乘風破浪向東海　弦月明星照歸人

第二天一清早起來他們就忙着搬東西上船，直到傍晚時人和東西才全部上齊。文龍、硯芬、田丁這些人上的是一艘 LST，海面上一共停了十幾條船，其中還有一艘 DD，兩艘 DE，其餘的都是 LST。

這些艦艇穩定地停在海面上，LST 一字長蛇陣排列在比較接近海灘的海面，DD, DE 排列在 LST

的外面，每條船相距大約三十公尺。桅桿上和船頭船尾都懸着青天白日旗，陣容十分浩蕩。他們自入越之後這是第一次看見自己國家的[redacted]海軍，[redacted]心裡眞有無限的高興。

這天的天色很好，温柔的海風一陣陣吹來，軍艦上的國旗輕輕地飄揚着，海上沒有浪，只有一片片微波。天上的星星[redacted]不停地閃着跳着，上弦月又像一張玉女的銀弓在天邊斜掛着，微波正輕吻着赭黃色的沙灘，島上的椰子樹正高高地張着它的大葉子輕輕地搖曳着，飛松鼠已經開始在椰林中飛來飛去，蝙蝠也吱吱地叫着，山上的野獸也在嗥叫，那大得出奇的巨鳥也在呦鳴了，這眞是一個非常優美的熱帶的海島之夜。

文龍、硯芬、田丁、楊柳、雅琴、沛然、牧野、張大、亞牛他們都踱到甲板上來，靠着欄杆閒談笑。只有黃老太太和劉發祥就在坦克艙裡沒有出來，黃老太太在清理一些零用的東西，劉發祥正守着他的新皮箱，他生怕別人在混亂中偷偷地打開來甚至偷走，那他回臺灣之後就沒有本錢再做生意了。

硯芬和雅琴都抱着孩子和文龍田丁他們談天，同時逗着孩子說笑。他們對於自己的前途[redacted]充滿着希望和憧憬，對於這樣美麗的海島之夜也多少有點留戀，畢竟他們在這小島上整整地生活三年了。

[redacted]沛然靠在鐵欄杆上拉他的小提琴了，他手上一面曼妙地拉着嘴裡還一面輕輕地哼着：

海浪吻着沙灘

海風吻着椰林

你看那松鼠又飛上了樹頂
你看那蝙蝠吱吱不停
你聽那野獸正在嗥叫
你聽那巨鳥正在呦鳴
月如銀弓，星如銀彈
這弓這彈啊可會射着我們

船在小提琴聲中慢慢地開動了，田丁忽然興奮地問文龍硯芬：

「[redacted]，你們那天請我吃喜酒呀？」

文龍硯芬相視一笑[redacted]地說：

「快了，快了。」

田丁也向他們祝福地深長地一笑。忽然[redacted]像有一種情感在心裡激動[redacted]，他馬上轉過身去深情地注視着雅琴，在淡淡的星月光輝下他覺得她的臉孔更加白皙靜美[redacted]。他不講話，只是深情地注視着，他看見她的面孔起初是一陣蒼白，隨即浮上一層紅暈，然後她迅速地向他伸出手來，田丁馬上伸過手去緊緊地握着[redacted]

張大看[redacted]他貪戀地望了富國島一眼，隨即在口袋裡摸出一個大紅薯，用嘴吻着，用鼻子嗅着，彷彿那上面有富國島的泥土香味。

船漸漸地加快速度了，富國島上的高高的椰子樹在向後退，他們自然地揚起手向富國島告別。

「再會吧，[redacted]高高的椰子樹，[redacted]美麗的海島。」田丁[redacted]說。

張大沒有揮手，也沒有說再會，他不懂得這上流社會的禮節，但他的眼圈已經紅了，[redacted]。

沛然[redacted]繼續拉他的小提琴了，他嘴裡[redacted]輕輕地哼着「富國島小夜曲。」

富國島在他的琴聲歌聲中漸漸地遠了，遠了。

（全部完）

民国四十八年（一九五九）六月台北文壇社初版

民国九十六年（二〇〇七）三月二十日重校於北投紅塵寄廬

墨人博士著作書目（校正版）

書目	類別	出版者	出版時間
一、自由的火焰 ⎫ 與《山之禮讚》合併	詩集	自印（左營）	民國三十九年（一九五〇）
二、哀祖國 ⎭ 易名《墨人新詩集》	詩集	大江出版社（臺北）	民國四十一年（一九五二）
三、最後的選擇	短篇小說	百成書店（高雄）	民國四十二年（一九五三）
四、閃爍的星辰	長篇小說	大業書店（高雄）	民國四十二年（一九五三）
五、黑森林	長篇小說	香港亞洲社	民國四十四年（一九五五）
六、魔障	長篇小說	暢流半月刊（臺北）	民國四十七年（一九五八）
七、孤島長虹（全集中易名爲富國島）	長篇小說	文壇社（臺北）	民國四十八年（一九五九）
八、古樹春藤	中篇小說	九龍東方社	民國五十一年（一九六二）
九、花嫁	短篇小說	九龍東方社	民國五十三年（一九六四）
一〇、水仙花	短篇小說	長城出版社（高雄）	民國五十三年（一九六四）
一一、白夢蘭	短篇小說	長城出版社（高雄）	民國五十三年（一九六四）
一二、颱風之夜	短篇小說	長城出版社（高雄）	民國五十三年（一九六四）

三〇、墨人短篇小說選	短篇小說	臺灣中華書局（臺北）	民國六十一年（一九七二）
三一、斷腸人	短篇小說	臺灣學生書局（臺北）	民國六十一年（一九七二）
三二、詩人革命家胡漢民傳	傳記小說	近代中國社（臺北）	民國六十七年（一九七八）
三三、心猿	長篇小說	學人文化公司（臺北）	民國六十八年（一九七九）
三四、山之禮讚	詩　集	秋水詩刊（臺北）	民國六十九年（一九八〇）
三五、心在山林	散　文	中華日報社（臺北）	民國六十九年（一九八〇）
三六、墨人散文集	散　文	學人文化公司（臺中）	民國六十九年（一九八〇）
三七、山中人語	散　文	臺灣商務印書館（臺北）	民國七十二年（一九八三）
三八、花市	散　文	江山出版社（臺北）	民國七十四年（一九八五）
三九、三更燈火五更雞	散　文	江山出版社（臺北）	民國七十四年（一九八五）
四〇、墨人絕律詩集	詩　集	臺灣商務印書館（臺北）	民國七十六年（一九八七）
四一、全唐詩尋幽探微	文學理論	臺灣商務印書館（臺北）	民國七十六年（一九八七）
四二、第二春	短篇小說	釆風出版社（臺北）	民國七十七年（一九八八）
四三、全唐宋詞尋幽探微	文學理論	臺灣商務印書館（臺北）	民國七十八年（一九八九）
四四、小園昨夜又東風	散　文	黎明文化公司（臺北）	民國八　十年（一九九一）
四五、紅塵（上、中、下三卷）	長篇小說	臺灣新生報社（臺北）	民國八　十年（一九九一）
四六、大陸文學之旅	散　文	文史哲出版社（臺北）	民國八十一年（一九九二）

四七、紅塵續集　長篇小說　臺灣新生報社（臺北）　民國八十二年（一九九三）
四八、墨人半世紀詩選　詩　選　文史哲出版社（臺北）　民國八十四年（一九九五）
四九、張本紅樓夢（上下兩巨冊）　修訂批註　湖南出版社（長沙）　民國八十五年（一九九六）
五〇、紅塵心語　散　文　圓明出版社（臺北）　民國八十五年（一九九六）
五一、年年作客伴寒窗　散　文　中天出版社（臺北）　民國八十六年（一九九七）
五二、全宋詩尋幽探微　文學理論　文史哲出版社（臺北）　民國八十九年（二〇〇〇）
五三、墨人詩詞詩話　詩詞・理論　詩藝文出版社（臺北）　民國八十九年（二〇〇〇）
五四、娑婆世界（定本）　長篇小說　昭明出版社（臺北）　民國八十八年（一九九九）
五五、白雪青山（定本）　長篇小說　昭明出版社（臺北）　民國八十九年（二〇〇〇）
五六、滾滾長江（定本）　長篇小說　昭明出版社（臺北）　民國八十九年（二〇〇〇）
五七、春梅小史（定本）　長篇小說　昭明出版社（臺北）　民國八十九年（二〇〇〇）
五八、紫燕（定本）　長篇小說　昭明出版社（臺北）　民國九　十年（二〇〇一）
五九、紅樓夢的寫作技巧（定本）　文學理論　昭明出版社（臺北）　民國九　十年（二〇〇一）
六〇、紅塵六卷（定本）　長篇小說　昭明出版社（臺北）　民國九　十年（二〇〇一）
六一、紅塵法文本　巴黎友豐（you fong）書局出版　二〇〇四年初版

附　註：

▲北京中國文聯出版社　二〇〇三年出版　大陸教授羅龍炎・王雅清合著《紅塵》論專書

▲臺北市昭明出版社出版墨人一系列代表作，長篇小說《娑婆世界》、一百九十多萬字的空前大長篇《紅塵》（中法文本共出五版）暨《白雪青山》（兩岸共出六版）、《滾滾長紅》、《春梅小史》、《紫燕》，短篇小說集、文學理論《紅樓夢的寫作技巧》（兩岸共出十四版）等書。臺灣中華書局出版的《墨人自選集》共五大冊，收入長篇小說《白雪青山》、《靈姑》、《鳳凰谷》、《江水悠悠》（爲《東風無力百花殘》易名）、《短篇小說・詩選》合集。《哀祖國》及《合家歡》皆由高雄大業書店再版。臺北詩藝文出版社出版的《墨人詩詞詩話》創作理論兼備，爲「五四」以來詩人、作家所未有者。

▲臺灣商務印書館於民國七十三年七月出版先留英後留美哲學博士程石泉、宋瑞等數十人的評論專集《論墨人及其作品》上、下兩冊。

▲《白雪青山》於民國七十八年（一九八九）由臺北大地出版社第三版。

▲臺北中國詩歌藝術學會於一九九五年五月出版《十三家論文》論《墨人半世紀詩選》。

▲《紅塵》於民國七十九年（一九九〇）五月由大陸黃河文化出版社出版前五十四章（香港登記，深圳市印行）。大陸因未有書號未公開發行僅供墨人「大陸文學之旅」時與會作家座談時參考。

▲北京中國文聯出版公司於一九九二年十二月出版長篇小說《春梅小史》（易名《也無風雨也無晴》）；一九九三年四月出版《紅樓夢的寫作技巧》。

▲北京中國社會科學出版社於一九九四年出版散文集《浮生小趣》。

▲北京群眾出版社於一九九五年一月出版散文集《小園昨夜又東風》；一九九五年十月京華出版社出

版長篇小說《白雪青山》大陸版，第一版三千冊，一九九七年八月再版一萬冊。

▲長沙湖南出版社於一九九六年一月初出版墨人費時十多年精心修訂批註的《張本紅樓夢》，分上下兩大冊精裝一萬一千套。立即銷完、因未經墨人親校，難免疏失，墨人未同意再版。

Mo Jen's Works

1950 *The Flames of Freedom*（poems）《自由的火焰》

1952 *Lament for My Mother Country*（poems）《哀祖國》

1953 *Glittering Stars*（novel）《閃爍的星辰》

The Last Choice（short stories）《最後的選擇》

1955 *Black Forest*（novel）《黑森林》

The Hindrance（novel）《魔障》

The Rainbow and An Isolated Island（novel）《孤島長虹》（全集中易名爲富國島）

1963 *The spring Ivy and Old Tree*（novelette）《古樹春藤》

1964 *Narcissus*（novelette）《水仙花》

A Typhonic Night（novelette）《颱風之夜》

Ms.Pei Mong-lan（novelette）《白夢蘭》

The Joy of the Whole Family（novel）《合家歡》

Flower Marriage（novelette）《花嫁》

1965 *White Snow and Green Mountain*（novel）《白雪青山》

The Short Story of Miss Chung Mei（novel）《春梅小史》

The Powerless Spring Breeze and Faded Flowers（novel）《東風無力百花殘》(《江水悠悠》)

Flower Blossom in Loyang（novel）《洛陽花似錦》

1966 *The Writing Technique of the Dream of Red Chamber*（literature theory）《紅樓夢的寫作技巧》

Out of The Wild Frontier（novelette）《塞外》

1967 *A Heart-broken Story*（novel）《碎心記》

1968 *Miss Clever*（novel）《靈姑》

Trifle（prose）《鱗爪集》

1969 *The Road to Promotion*（novelette）《青雲路》

1970 *A Sex-change Story*（novelette）《變性記》

The Biography of the Dragon and the Phoenix（novel）《龍鳳傳》

1971 *A Brilliantly lighted Garden*（novel）《火樹銀花》

1972 *My Floating Life*（prose）《浮生記》

Selection of Mo Jen's Poems《墨人詩選》
A Heart-broken Woman（novelette）《斷腸人》
Phoenix Valley（novel）《鳳凰谷》
Mo Jen's Works（five volumes）《墨人自選集》
Selection of Mo Jen's short stores《墨人短篇小說選》
1978 *Hu Han-ming, the Poet and Revolutionist*（novel）《詩人革命家胡漢民》
1979 *The Mokey in the Heart*（i.e. The Purple Swallow renamed）《心猿》
1980 *The Hermit*（prose）《心在山林》
A Collection of Mo Jen's Prose（prose）《墨人散文集》
A Praise to Mountains（poems）《山之禮讚》
1983 *Mountaineer's Remarks*（prose）《山中人語》
1985 *My Candle Burns at Both Ends*（prose）《三更燈火五更雞》
Flower Market（prose）《花市》
1986 *A Mundane World*（novel, four volumes, over 1.9 million words）《紅塵》
1987 *Remarks on All Poems of the Tang Dynasty*（theory）《全唐詩尋幽探微》
1988 *Remarks On All Tsyr*（prose poem）*of the Tang and Sung Dynasties*（theory）《全唐宋詞尋幽探微》
1991 *The Breeze That Came From The East Last Night in My Little garden Again*（prose）《小園昨夜又東風》

1992 *Travel for Literature in Mainland China*（prose）《大陸文學之旅》

1995 *Selection of Mo Jen's Poems, 1992-1994*《墨人半世紀詩選》

1996 *I'll look upon the World*《紅塵心語》

Chang Edition of the Dream of Red Chamber《張本紅樓夢》（修訂批註）

1997 *Cherish thy guests and the Muses*《年年作伴寒窗》

1999 *Saha Shih Gai*《娑婆世界》

1999 *Remarks on All Poems of the sung Dynasties*《全宋詩尋幽探尋》

1999 *Mo Jen's Classical Poems and Prose Poems*《墨人詩詞詩話》

2004 *Poussiere Rouge*《紅塵》法文譯本

墨人博士創作年表（二〇〇五年增訂）

年度	年齡	發表出版作品及重要文學紀錄摘要
民國二十八年己卯（一九三九）	十九歲	在東南戰區《前線日報》發表〈臨川新貌〉。淪陷區著名的上海《大美晚報》隨即轉載。
民國二十九年庚辰（一九四〇）	二十歲	在《前線日報》發表〈希望〉、〈路〉等新詩作品。
民國三十年辛巳（一九四一）	二十一歲	在《前線日報》發表〈評夏伯陽〉書評等文。
民國三十一年壬午（一九四二）	二十二歲	在各大報發表〈苦難的行列〉、〈贛州禮讚〉（長詩）、〈老船夫〉、〈盲歌者〉、〈自己的晚歌〉、〈抹去那怯弱的眼淚吧〉、〈生命之歌〉、〈快割鳥〉、〈鴿鷹與雲雀〉等詩及散文多篇。
民國三十二年癸未（一九四三）	二十三歲	在各大報發表長詩〈鋤奸隊長〉、〈搜索連長〉、〈遙寄〉、〈寫在第七個七七〉、〈父親〉、〈受難的女神〉、〈城市的夜〉及〈火把〉、〈擊柝者〉、〈橋〉、〈古鐘〉、〈汽笛〉、〈山居〉、〈沙灘〉、〈夜行者〉、〈孤芳〉、〈蚊蟲〉、〈蒼蠅〉、〈園圃〉、〈陽光〉、〈深秋〉、〈贈某詩人兼寫自己〉、〈哀亡命詩人〉、〈自供〉、〈白屋詩抄〉、〈哀歌〉、〈生活〉、〈給偶像崇拜者〉、〈戰書〉、〈燈下獨白〉、〈夜歸〉、〈失眠之夜〉、〈悼〉、〈殘英〉、〈黃昏曲〉、〈補綴〉、〈復活的季節〉〈擬戀歌〉、〈晨雀〉、〈春耕〉、〈天空的搏鬥〉等長短抒情詩。另發表散文及短篇小說多篇。

民國三十三年甲申（一九三九）	二十四歲	發表〈山城草〉五首及〈沒有褲子穿的女人〉、〈襤褸的孩子〉、〈駝鈴〉、〈無聲的哭泣〉、〈長夜草〉、〈春夜〉、〈擬某女演員〉、〈蛙聲〉、〈麥笛〉等詩及散文多篇。
民國三十四年乙酉（一九四五）	二十五歲	發表〈最後的勝利〉及〈煉獄裏的聲音〉、〈神女〉、〈問〉等長詩與散文多篇。
民國三十五年丙戌（一九四六）	二十六歲	發表〈夢〉、〈春天不在這裡〉等詩及散文多篇。
民國三十六年丁亥（一九四七）	二十七歲	發表〈冬天的歌〉、〈流浪者之歌〉、〈手杖、煙斗〉及長詩〈上海抒情〉等與散文多篇。
民國三十七年戊子（一九四八）	二十八歲	主編軍中雜誌、撰寫時論，均不署名。
民國三十八年己丑（一九四九）	二十九歲	七月渡海抵臺，發表〈呈獻〉、〈滿妹〉，及長詩〈自由的火燄〉、〈人類的宣言〉等及散文多篇。
民國三十九年庚寅（一九五〇）	三十歲	發表〈站起來，捏死他！〉、〈滾出去，馬立克！〉、〈英國人〉、〈海洋頌〉等詩。出版《自由的火燄》詩集。
民國四十年辛卯（一九五一）	三十一歲	發表〈春晨獨步〉、〈炫與殉〉、〈悼三閭大夫屈原〉、〈詩聯隊〉、〈心靈之歌〉、〈子夜獨唱〉、〈真理、愛情〉、〈友情的花朵〉、〈啊，西風啊！〉、〈歲暮吟〉、〈師生〉、〈往事〉、〈天書〉、〈歷程〉、〈雨天〉、〈火車飛馳在海岸淚上〉、〈帶路者〉、〈送第一艦隊出征〉等詩，及〈哀祖國〉長詩。
民國四十一年壬辰（一九五二）	三十二歲	發表〈未完成的想像〉、〈廊上吟〉、〈窗下吟〉、〈白髮吟〉、〈秋夜輕吟〉、〈秋訊〉、〈渴念，追求〉、〈寂寞、孤獨〉、〈冬眠〉、〈我想把你忘記〉、〈想念〉、〈成人的悲歌〉、〈訴〉、〈詩人〉、〈詩〉、〈貝絲〉、「春天的懷念」五首，〈和風〉、〈夜雨〉、〈臺灣海峽的霧〉等及散文、短篇小說多篇。出版《哀祖國》詩集。

民國四十二年癸巳（一九五三）	三十三歲	發表〈寄台北詩人〉等詩及散文短篇小說多篇。高雄百成書店出版短篇小說集《最後的選擇，收入〈華玲〉、〈生死戀〉、〈梅蘭馨〉、〈敵人的故事〉、〈最後的選擇〉、〈蔣復成〉、〈姚醫生〉等七篇。大業書店出版長篇小說《閃爍的星辰》一、二兩冊。
民國四十三年甲午（一九五四）	三十四歲	發表〈雪萊〉、〈海鷗〉、〈鳳凰木〉、〈流螢〉、〈鵝鑾鼻〉、〈海邊的城〉、〈長夏小唱〉及散文、短篇小說多篇。
民國四十四年乙未（一九五五）	三十五歲	發表〈雲〉、〈F-86〉、〈題GK〉等詩及散文、短篇小說多篇。香港亞洲出版社出版長篇小說《黑森林》，並獲中華文獎會國父誕辰長篇小說第二獎（第一獎從缺）。
民國四十五年丙申（一九五六）	三十六歲	發表〈四月〉等詩及散文、短篇小說多篇。
民國四十六年丁酉（一九五七）	三十七歲	發表〈月亮〉、〈九月之旅〉、〈雨和花〉等詩及長篇小說《魔障》。
民國四十七年戊戌（一九五八）	三十八歲	暢流半月刊雜誌社出版長篇連載小說《魔障》。
民國四十八年己亥（一九五九）	三十九歲	發表短篇小說、散文多篇。文壇雜誌社出版長篇小說《孤島長虹》（全集中易名爲《富國島》）。
民國四十九年庚子（一九六〇）	四十歲	發表〈橫貫小唱〉等詩及散文、短篇小說多篇。
民國五十年辛丑（一九六一）	四十一歲	發表〈熱帶魚〉、〈豎琴〉、〈水仙〉等詩及短篇小說甚多。奧國維也納納富出版公司編選的《世界最佳小說選》選入短篇說〈馬腳〉，同時入選者有諾貝爾文學獎得主威廉福克納、拉革克菲斯特等世界各國名作家作品。

民國五十一年壬寅（一九六二）	四十二歲	發表〈青鳥〉、〈兩腳獸〉、〈晚會〉、〈祈禱〉等詩及短篇小說甚多。奧國維也納納富出版公司又將短篇小說《小黃》（以江州司馬筆名撰寫者）選入《世界最佳小說選》，同時入選者有諾貝爾獎得主蕭洛霍夫，郭沫若及世界各國名作家作品。
民國五十二年癸卯（一九六三）	四十三歲	香港九龍東方文學出版社出版中篇小說《古樹春藤》。發表短篇小說、散文甚多。
民國五十三年甲辰（一九六四）	四十四歲	香港九龍東方文學社出版短篇小說集《花嫁》，收入〈教師爺〉、〈劉二爹〉、〈二媽〉、〈異鄉人〉、〈花嫁〉、〈扶桑花〉、〈南海屠鮫〉、〈高山曲〉、〈古寺心聲〉、〈誘惑〉、〈隱情〉、〈美珠〉、〈新苗〉、〈心聲淚影〉等十四篇。 高雄長城出版社出版中短篇小說集《水仙花》，收入〈水仙花〉、〈銀杏表嫂〉、〈圓房記〉、〈江湖兒女〉、〈天鵝〉、〈賭徒〉、〈搶親〉、〈黃龍〉、〈風雪歸人〉、〈花子老趙〉、〈景雲寺的居士〉、〈人與樹〉、〈過客〉、〈阿婆〉、〈馬腳〉、〈小黃〉等十六篇。 高雄長城出版社出版中短篇小說集《白夢蘭》。收入〈情敵〉、〈空手〉、〈師生〉、〈斷夢〉、〈黃昏曲〉、〈白夢蘭〉、〈平安夜〉、〈凱塞琳、萊蒙托夫與我〉、〈陽春白雪〉、〈亂世佳人〉、〈傷心之旅〉、〈白衣清淚〉、〈護士與病人〉、〈如夢記〉、〈除夕〉等十五篇。　高雄長城出版社出版《中華日報》連載的二十五萬字長篇小說《白雪青山》。　發表短篇小說、散文甚多。
民國五十四年乙巳（一九六五）	四十五歲	高雄長城出版社出版連載長篇小說《洛陽花似錦》、《春梅小史》、《東風無力百花殘》三部。　發表短篇小說、散文甚多。 省政府新聞處出版長篇小說《合家歡》。
民國五十五年丙午（一九六六）	四十六歲	是年五月赴馬尼拉華僑文教講習會講授「紅樓夢的寫作技巧」及新詩課程一個月。商務印書館出版文學理論專著《紅樓夢的寫作技巧》，全書共十五萬字。 商務印書館出版中短篇小說集《塞外》。收入〈塞外〉、〈鬍子〉、〈百合花〉、〈天山風雲〉、〈白金龍〉、〈白狼〉、〈秋圃紫鵑〉、〈曹萬秋的衣缽〉、〈半路夫妻〉、〈百鳥聲喧〉、〈風竹與野馬〉、〈美人計〉、〈夜襲〉、〈花燭劫〉等十四篇。

民國五十六年丁未（一九六七）	四十七歲	發表短篇小說、散文甚多。小說創作社出版連載長篇小說《碎心記》。
民國五十七年戊申（一九六八）	四十八歲	小說創作社出版《中華日報》連載長篇小說《靈姑》。水牛出版社出版散文集《鱗爪集》，收入〈家鄉的魚〉、〈家鄉的鳥〉、〈雪天的懷念〉、〈秋山紅葉〉、〈學問與創作之間〉等散文七十六篇、舊詩三首。
民國五十八年己酉（一九六九）	四十九歲	商務印書館出版中短篇小說集《青雲路》。收入〈世家子弟〉、〈青雲路〉、〈空棺記〉、〈久香〉等四篇。
民國五十九年庚戌（一九七〇）	五十歲	商務印書館出版中短篇小說集《變性記》。收入〈變性記〉、〈嬌客〉、〈歲寒圖〉、〈泥龍〉、〈祖孫父子〉、〈秋風落葉〉、〈老夫老妻〉、〈恩愛夫妻〉、〈布販與偷雞賊〉、〈芳鄰〉、〈沙漠王子〉、〈沙漠之狼〉、〈世界通先生〉、〈寶珠的祕密〉、〈奇緣〉等十五篇。幼獅文化事業公司出版長篇小說《龍鳳傳》。臺北立志出版社出版長篇《火樹銀花》出版全集時易名《同是天涯淪落人》。
民國六十年辛亥（一九七一）	五十一歲	立志出版社出版長篇小說《火樹銀花》。發表散文多篇及在高雄《新聞報》連載長篇小說《紫燕》。
民國六十一年壬子（一九七二）	五十二歲	聞道出版社出版散文集《浮生集》。收入〈文藝的危機〉、〈貝克特高風〉、〈五十年華〉等散文十三篇，舊詩六首。學生書局出版短篇小說散文合集《斷腸人》。收入短篇小說〈斷腸人〉、〈薇薇〉、〈相見歡〉、〈滄桑記〉、〈恩怨〉、〈夜宴〉等七篇及散文〈文學系與文學創作〉、〈大學國文教學我見〉、〈作家之死〉等十五篇。　中華書局出版《墨人自選集》五大冊。包括長篇小說《白雪青山》、《靈姑》、《鳳凰谷》、《江水悠悠》（《東風無力百花殘》易名）及《短篇小說、詩選》（精選短篇小說二十八篇，抒情詩一〇六首），共一百五十萬字。
民國六十二年癸丑（一九七三）	五十三歲	發表散文多篇。列入英國劍橋國際傳記中心（International Biographical Centre Cambridge England）出版的《國際詩人名錄》（*International Who's Who in Poetry. 1973*）。

民國六十三年甲寅（一九七四）	五十四歲	出席第二屆世界詩人大會。發表散文多篇。
民國六十四年乙卯（一九七五）	五十五歲	列入正中書局出版的《中華民國文藝史》（1975）。發表〈臺北的黃昏〉新詩一首及散文多篇。
民國六十五年丙辰（一九七六）	五十六歲	列入英國劍橋國際傳記中心出版的 *Men of Achievement. 1976* 發表〈歷史的會晤〉新詩及散文、短篇小說多篇。
民國六十六年丁巳（一九七七）	五十七歲	應 I.B.C 邀請於三月間赴義大利翡冷翠出席國際文藝交流大會（The 3rd I.B.C. International Congress on Arts and Communications）。會後環遊世界。發表〈羅馬之雲〉、〈羅馬之松〉、〈翡冷翠的女郎〉、〈翡冷翠之柳〉、〈塞納河〉等詩及羅馬掠影」、〈單城記〉、〈威尼斯之旅〉、〈藝術之都翡冷翠〉、〈西雅奈與比薩斜塔〉、〈美國行〉、〈江戶、皇宮、御苑〉、〈環球心影〉等遊記。在《中國時報》發表有關中國文化論文〈中國文化的三條根〉，在《新生報》發表〈文藝界的『洋』瘋癲〉等多篇。
民國六十七年戊午（一九七八）	五十八歲	近代中國社出版長篇傳記小說《詩人革命胡漢民傳》。列入英國劍橋國際傳記中心出版的《國際名人辭典》（*Dictionary of International Biogaphy.1978*）。《國際知識分子名錄》(*International Who's Who of Intellectual.1978*、《國際人名剪影》 *International Register of Profiles*）、《國際社會名人錄》（*International Who's Who in Community Service*），發表〈六月之荷〉詩一首。在各報發表〈中國文化的宇宙觀〉、〈中國文化的真面目〉、〈文化、社會形態與當代文學創作（爲亞洲文學會議而作）〉、〈人與宇宙自然法則〉等。出席亞洲文學會議。　列入中華書局出版的《中華民國當代名人錄》（*Who's Who of R.O.C. 1978*）　列入行政院新聞局編印的一九七八年英文《中華民國年鑑名人錄》（*China Yearbook Who's Who*）。

民國六十八年己未（一九七九）	五十九歲	學人文化事業有限公司出版長篇小說《心猿》（《紫燕》易名）。發表短篇小說〈春〉、〈杏林之春〉、長詩〈哀吉米・卡特〉及〈山之禮讚〉五首。短篇〈客從故鄉來〉、〈人瑞〉。理論〈中國古典小說戲劇〉、〈抗戰文學的整理與再創作〉（《中央日報》）等多篇。
民國六十九年庚申（一九八〇）	六十歲	秋水詩刊社出版詩集《山之禮讚》、收集六十四年以後新詩四十四首及七言絕律詩十首。　中華日報社出版散文集《心在山林》、收集〈花甲雲中過〉、〈老當益壯〉、及抒情寫景散文數十篇。 臺中學人文化事業出 版有限公司出版《墨人散文集》收集〈文化、社會形態與當代文學創作〉、〈人與宇宙自然法則〉、〈中國文化的三條根〉、〈宇宙爲心人爲本〉、〈文藝界的『洋』癇瘋〉等理論性散文數十篇。 在《中央日報・副刊》發表〈紅樓夢研究的正確方向〉，《中華日報・副刊》發表〈人生六十樹常青〉，《青年戰士報・新文藝副刊》發表〈山中人語〉專欄文章〈山水之間〉、〈生命長短價值觀〉、〈寶刀未老〉、〈七進七出鬼門關〉、〈報人甘苦〉、〈杏壇生涯〉等。 接受《大華晚報》採訪組副主任程榕寧兩次訪問，一爲談胡漢民生平，一爲談《易經》、《道德經》、命學，並發表〈醫學命學與人生〉專文。
民國七十年辛酉（一九八一）	六十一歲	繼續撰寫《山中人語》專欄。 應臺中市《自由日報》特約撰寫《浮生小記》專欄。 應行政院新聞局邀請參觀本省農漁畜牧事業單位，並在《中央日報》發表〈人在福中〉散文。 接受臺灣廣播公司《成功之路》節目訪問，於四月廿七日晚八時半播出。 在高雄《新聞報》發表〈撥亂反正說紅樓〉（六月十七、十八日）論文。
民國七十一年壬戌（一九八二）	六十二歲	九月赴漢城出席第二屆中韓作家會議，並在東京參加中日作家會議，曾暢遊南韓、北海道、大阪至東京名勝地區，歸後撰寫〈韓國掠影〉、〈秋遊北海道〉，發表於《中央日報》。 列入中華民國名人傳記中心出版的《中華民國現代名人錄》。

		列入英國劍橋國際傳記中心出版的《傑出男女傳記》（*Men and Women of Distinction*）並附照片。 列入美國 MarQuis 公司出版的《世界名人錄》（*Who's Who in the World*）第六版。 接受義大利藝術大學授予的文學功績證書。
民國七十二年癸亥（一九八三）	六十三歲	商務印書館出版散文集《山中人語》，收集散文七十篇。
民國七十三年甲子（一九八四）	六十四歲	商務印書館出版《論墨人及其作品》上、下兩冊，包括評論文章六十餘篇。 列入義大利 Accademia Itlia 出版英、法、德、義四種文字的《國際文學史》（*The History of International Literature*）及《百科全書：當代人物（*The Encyclopadeia: Contemporary Personalities*）。 端午節（六月四日）開筆撰寫已構思準備十餘年的一百餘萬字的大長篇小說《紅塵》，年底完成初稿四十餘萬字。 十月在韓國漢城舉行的第四屆中韓作家會議，事忙未能出席，但提出一萬餘字的論文〈古典與現代〉一篇。
民國七十四年乙丑（一九八五）	六十五歲	由江山出版社出版《三更燈火五更雞》、《花市》散文集等兩本，前者收入散文，理論二十四篇，後者收入散文遊記二十七篇。 八月一日退休，專心寫作《紅塵》，於十二月底完成九十二章，告一段落，共一百二十萬字，超出《紅樓夢》十餘萬字，內有絕律詩（聯）三十一首。
民國七十五年丙寅（一九八六）	六十六歲	年初開始研讀《全唐詩》，撰寫《全唐詩尋幽探微》，十一月完成，共十二萬餘字，一面在《新聞報・西子灣》發表，並連同歷年所作絕律詩三十七首，定名爲《墨人絕律詩集》，一併交與臺灣商務印書館簽約出版。 列入美國 A.B.I.出版的 5000 Personalities of the World；英國 I.B.C.出版的 *The Intemational Authors and Writers Who's Who.*

民國七十六年丁卯（一九八七）	六十七歲	訪問考察東南亞地區、國家馬來西亞、新加坡、泰國、菲律賓、香港十七天，並出席多次座談會。 商務印書館出版《全唐詩尋幽探微》（附《墨人絕律詩集》）。 《紅塵》長篇小說於三月五日開始在（臺灣新生報）連載。 七月四、五日出席在臺北市召開的抗戰文學研討會。 八月一日出席在高雄市召開的第七屆中韓作家會議。
民國七十七年戊辰（一九八八）	六十八歲	元月二日完成《全唐宋詞尋幽探微》（附《墨人詩餘》）全書十六萬字。設於美國深受世界尊重的「國際大學基金會」（The Marguis Giuseppe Scicluna 1855-1907 Intemarional University Foundation）（Founded 1973）授予榮譽文學博士學位。
民國七十八年己巳（一九八九）	六十九歲	臺灣商務印書館出版《全唐宋詞尋幽探微》。 臺北大地出版社三版長篇小說《白雪青山》。 世界大學（World University）授予榮譽文學博士學位。
民國七十九年庚午（一九九〇）	七十歲	五月應大陸黃河文化實業公司邀請，作四十天文學之旅，與北京、上海、杭州、九江、武漢、西安、蘭州等地作家座談中華文化、文學創作，坦誠交換意見，獲得一致共識、真摯友情與尊敬，廣州電視臺並全程錄影，製作專輯播出，六月底返臺後即撰寫《大陸文學之旅》專著。 艾因斯坦國際學院基金會（Albert Einstein 1879-1955 Intemational Academy Foundation）授予榮譽人文學博士學位。 榮列英國劍橋國際傳記中心出版的 IBC Book of Dedications.占全書篇幅五頁，刊登照片五張，介紹五十年創作生涯，十分翔實，篇幅之大，爲全書冠，並禮聘爲 IBC 副總裁。
民國八十年辛未（一九九一）	七十一歲	二月底新生報出版《紅塵》，二十五開本，上、中、下三鉅冊。黎明文化事業公司出版《小園昨夜又東風》散文集。 應香港廣大學院禮聘爲中國文學研究所客座指導教授。 《紅塵》榮獲新聞局著作金鼎獎及嘉新優良著作獎。

民國八十一年壬申（一九九二）	七十二歲	文史哲出版社出版《大陸文學之旅》。 應聘香港廣大學院中研所客座指導教授。 一月五日開筆寫《紅塵續集》，自九十三章起至一百二十章止，共四十萬字，六月十日完稿，《紅塵》全書共一百九十萬字。續集自十二月一日開始在《臺灣新生報・副刊》連載近年，雙破長篇鉅著及連載紀錄。中國廣播公司《中廣小說選播》節目，亦於十二月一日十四時三十分，在AM657千赫第一廣播網開始播出長篇鉅著《紅塵》上、中、下三冊，由戴愛華小姐導播，集該公司播音精英，通力合作，龍老夫人一角由播音元老白銀飾演，其餘人物均爲一時之選，效果奇佳，前所未有。　北京「中國文聯出版公司」出版《也無風雨也無晴》。 墨人故鄉九江《師專學報》，於本年起開闢《墨人研究》專欄，與《陶淵明研究》、《黃山谷研究》，並稱三大專欄，甚受教育、學術界重視。
民國八十二年癸酉（一九九三）	七十三歲	十月下旬，偕《秋水》詩刊同仁涂靜怡、雪柔、麥穗、汪洋萍、風信子、林蔚穎等爲慶祝《秋水》創刊二十周年，訪問哈爾濱、北京、西安三大都市，與當地詩人座談交流，水乳交融，兩岸詩人因而建立深厚友誼。十一月初，隻身訪問昆明、探親，昆明作協主席曉雪、八十多歲老作家李喬、小說家張昆華、《春城晚報》副總編輯熊廷武、副刊主編原因、理論家教授余斌、作家湯世傑、李錦華等集會歡迎，其中多爲白族、彝族等少數民族作家，乃以雲南少數民族文化資源努力創作相勉，深獲共鳴。資深作家彭荊風，晚間並來下榻處暢談。 繼續應聘香港廣大學院中研所客座指導教授三年。 十二月新生報社出版《紅塵續集》，全書共四大冊，其實前後一貫，爲一整體，該報爲方便，乃以《續集》名之。一生心願心血得以完成，在輕、薄、短、小及商品文學獨占市場情況下，亦一大異數。北京「中國文聯出版公司」出版《紅樓夢的寫作技巧》。

民國八十三年甲戌（一九九四）	七十四歲	一月開始研讀自北京購回的《全宋詩》，擬續寫《全宋詩尋幽探微》。 四月十一日接受臺北復興廣播電臺《名人專訪》節目主持人裴雯小姐訪問：談一生寫作歷程及大長篇《紅塵》寫作經過。 臺北《世界論壇報》副社長兼副刊主編詩人評論家周伯乃先生，特自五月三十一日起一連三天出版特刊，慶祝七十晉五誕辰暨創作五十五周年，除刊出〈小傳〉、〈七五人生一首詩〉、〈中國新詩與傳統詩詞的整合〉、〈叩開生命之門〉三篇新作外，並刊出蒙古族女詩人作家薩仁圖婭的〈墨人：屈原風骨中華魂〉，及馬來西亞霹靂州立女子中學校長，詩詞家、散文作家彭士麟女士論《紅塵》與大陸作家作品比較的書信，墨人著作校長，詩詞家、散文作家彭士麟女士論《紅塵》與大陸作家作品比較的書信，墨人著作目錄、美國兩個榮譽文學博士、一個人文學博士照片三張，《紅塵》獲獎照片一張，及周伯乃〈無限的祝禱〉文等。 八月七日，中國時報系的《工商日報・讀書版・大書坊》刊出蓓齡的《紅塵》墨人專訪文章，並配合攝影記者何日昌拍攝的墨人及《紅塵》四冊照片。 大陸廣州暨南大學中文系教授兼臺港暨海外華文文學研究中心主任、評論家潘亞暾，費時月餘撰寫《紅塵續集》論文達一萬餘字的〈偉大史詩的歸結〉，於九月二十一至二十五日在臺北市《世界論壇報・副刊》全文刊出，見解不凡，對《續集》的成功更使他大吃一驚，因此，更肯定《紅塵》的史詩價值、地位。 八月二十八日第十五屆世界詩人大會在臺北召開，僅提出〈中國新詩與傳統詩詞的整合〉論文一篇，並未出席、論文則由《中國詩刊》主編曾美霞女士代讀。
民國八十四年乙亥（一九九五）	七十五歲	一月，臺北文史哲出版社出版《墨人半世紀詩選》（一九四二—一九九四）。 一月十日應臺北廣播電臺《藝文夜話》主持人宋英小姐訪問，許導播秀玲決定十日開播《紅塵》全書四冊，每日廣播兩次。 中國詩歌藝術學會主辦、中國文藝協會協辦，於五月二十二日在臺北市中國文藝協會舉行《墨人世半紀詩選》學術研討會，與會詩人、評論家六十餘人，討論情況熱烈，並印發海峽兩岸評論家王常新、古繼堂、古遠清、李春生、楊允達、周伯乃等十三家論文專集。各家均推崇、肯定新舊詩兩方面的成就與半個多世紀的貢獻。

		英國劍橋國際傳記中心頒贈二十世紀文學傑出成就獎。榮列一九九五年英國劍橋國際傳記中心出版的 The Definitive Book of the Deputy Directors General of the IBC.佔全書篇幅五頁，刊登照片五張，爲全書之冠。
民國八十五年丙子（一九九六）	七十六歲	臺北中國詩歌藝術學會出版《十三家論文》論《墨人半世紀詩選》。 臺北圓明出版社出版涵蓋儒、釋、道三家思想的散文集《紅塵心語》。卷首有珍貴的文學照片十餘張。
民國八十六年丁丑（一九九七）	七十七歲	臺北中天出版社出版與《紅塵心語》爲姊妹集的散文集《年年作客伴寒窗》，各篇亦均以五、七言詩作題，內中作者詩詞亦多，並附錄珍貴文學資料訪問記、特寫、著作目錄等十餘篇。出任「乾坤」詩刊顧問，並主編該刊古典詩詞。完成《墨人詩詞詩話》、《全宋詩尋幽探微》兩書全文。
民國八十七年戊寅（一九九八）	七十八歲	構思六年的以佛學精義結合修行心得化爲文學創作的長篇小說《娑婆世界》，於三月二十八日開筆，十二月脫稿。共三十八章，五十多萬字。 英國劍橋國際傳記中心（IBC）出版《二十世紀傑出人物》以照片配合文字將墨人傳記刊卷首重要位置，並頒發獎狀。大陸中國國際經濟文化交流促進會、燕京國際文化藝術研究會等七大單位編纂出版的《世界華人文學藝術界名人錄》，中國國際交流出版社出版的《世界名人錄》，均爲十六開巨型中文本。
民國八十八年己卯（一九九九）	七十九歲	本年爲來臺五十周年，創作六十周年，中國習俗八十歲，昭明出版社出版長篇小說《娑婆世界》。 美國傳記學會（ABI）出版二十世紀《五百位有影響力的領袖》，以照片配合文字將墨人傳記刊於卷首重要位置並頒發獎狀。照片及詩詞五首編入中國《當代吟壇》巨著。　美國「世界智庫」與艾因斯坦國際學會基金會」聯合頒贈墨人傑出成就榮譽獎，以紀念千禧年，並榮列中國出版的《中華精英大全》。 美國傳記學會頒贈墨人「二十世紀成就獎」。

民國八十九年庚辰（二〇〇〇）	八十歲	臺北昭明出版社陸續出版定本長篇小說《白雪青山》、《滾滾長江》、《春梅小史》；文學理論《紅樓夢的寫作技巧》，連同民國八十八年出版的長篇小說《娑婆世界》，並列爲墨人一系列代表作品，以慶祝墨人八十整壽。 臺北詩藝文出版社出版《墨人詩詞詩話》。 臺北文史哲出版社出版《全宋詩尋幽探微》。
民國九十年辛巳（二〇〇一）	八十一歲	臺北昭明出版社出版長篇小說定本《紅塵》全書六冊及長篇小說《紫燕》定本。
民國九十一年壬午（二〇〇二）	八十二歲	五月三日偕長子選翰赴上海訪友小住。 英國劍橋國際傳記中心授予「終身成就獎」。
民國九十二年癸未（二〇〇三）	八十三歲	八月底偕夫人及在臺子女四人經上海轉往故鄉九江市掃墓探親並遊廬山。
民國九十三年甲申（二〇〇四）	八十四歲	準備出版全集（經臺北榮民總醫院檢查無任何疾病。）巴黎 you-Feng 書局出版豪華典雅法文本《紅塵》。
民國九十四年乙酉（二〇〇五）	八十五歲	此後五年不遠行，以防交通意外，準備資料。計劃百歲前開筆撰寫新長篇小說。 北京「中央出版社」出版《強國丰碑》，以著名文學家張萬熙爲題刊出墨人傳略，爲臺灣及海外華人作家唯一入選者。並先後接到北京電話、書函邀請寄送資料編入《一代名家》、《中華文化藝術名家名作世界傳播錄》。
民國九十五年丙戌（二〇〇六）至民國一百年（二〇一一）——	八十六歲至九十二歲——	重讀重校全集，已與臺北市文史哲出版社簽訂出版《墨人博士作品全集》合約，民國一百年年內可以出版。此爲「五四」以來中國大陸與臺灣所未有者。